萧红传

呼兰旧事空回首

花妩妍◎著

台海出版社

图书在版编目（CIP）数据

萧红传：呼兰旧事空回首 / 花妩妍著 . — 北京：台海出版社，2024. 11. — ISBN 978-7-5168-4024-5

Ⅰ . K825.6

中国国家版本馆 CIP 数据核字第 20240ZV925 号

萧红传：呼兰旧事空回首

著　　者：花妩妍	
责任编辑：曹任云	封面设计：颜森设计

出版发行：台海出版社
地　　址：北京市东城区景山东街20号　邮政编码：100009
电　　话：010-64041652（发行，邮购）
传　　真：010-84045799（总编室）
网　　址：www.taimeng.org.cn/thcbs/default.htm
E－m a i l：thcbs@126.com

经　　销：全国各地新华书店
印　　刷：三河市嵩川印刷有限公司

本书如有破损、缺页、装订错误，请与本社联系调换

开　　本：880毫米×1230毫米　　1/32	
字　　数：145千字	印　　张：5.75
版　　次：2024年11月第1版	印　　次：2024年11月第1次印刷
书　　号：ISBN 978-7-5168-4024-5	

定　　价：39.80元

版权所有　　翻印必究

序言 Foreword

民国时期，一位女子以她令人称奇的才华，激扬飞越的青春，曲折的爱情故事，书写人生传奇，她便是"民国四大才女"之一的萧红。

她文笔优美。鲁迅先生曾评她的小说《生死场》："北方人民的对于生的坚强，对于死的挣扎，却往往已经力透纸背；女性作者的细致的观察和越轨的笔致，又增加了不少明丽和新鲜。"

阅读她细致优美的文字，让我们走进她经历的时代，聆听她选择人生之途时的内心挣扎，体会她在爱情来临时的幸福与悲伤，感受她对生命的眷顾与追求。

萧红内心丰盈，在寂寞中守住童心，在禁锢中追寻自由，在命运多舛时直面困难、努力突破，在寂寞无助时也依然做那疾风中的劲草，在风中舞出独有的姿态。

那颗童心，闪现在祖父的园子里。是她将祖父戴的帽子插满玫瑰时引得家人欢笑的情景；是家中举行音乐会时，大家尽情唱歌跳舞时的快乐场面；是在带着泥土与花蜜气息的园子里与自然亲近的乐趣；那也是她与小伙伴走出院子，走向呼兰河感受天大地大时的震撼。

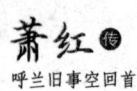

童心是真是纯，自由则是萧红一生的追寻。

那份自由，是"花开了，就像花睡醒了似的，鸟飞了，就像鸟上天了似的，虫子叫了，就像虫子在说话似的。一切都活了，都是自由的：要做什么，就做什么；要怎么样，就怎么样"。

那份自由，是她毅然走出旧式家庭的禁锢，勇敢追寻属于自己的盛开方式。

萧红也常生出无力之感。不断变更的居所，饥饿日子里的度日如年，战争时期的四处奔逃，都使她惊惧、恐慌，也为她的创作提供了丰富的素材。

她的心如呼兰河水奔流涌动。一部充满童心、诗趣、灵动的"回忆式"长篇小说《呼兰河传》将故乡的风土人情，生死哀乐书写得淋漓尽致。

茅盾先生曾这样评价《呼兰河传》的艺术成就："它是一篇叙事诗，一幅多彩的风土画，一串凄婉的歌谣。"

读萧红的作品，仿佛嗅到野草的气息、自然的清香；会走进她旷远的思绪，为文中流露出的自然与本真、辽阔与寂寞感染。

那些寂寞是《王阿嫂的死》里"五妹子坐在王阿嫂的身边，炕里蹲着小环，三个人在寂寞着"，是《生死场》中"坟场是死的城郭，没有花香，没有虫鸣。即使有花，即使有虫，那都是唱奏着别离歌，陪伴着说不尽的死者永久的寂寞"，也是《搬家》中"我饿了，冷了，我肚痛，郎华还不回来，有多么不耐烦！连一只表也没有，连时间也不知道。多么无趣，多么寂寞的家呀！我好像落下井的鸭子一般寂寞并且隔绝"……

寂寞无处不在，是早年父母亲情的疏离，最后祖父也走了；是爱情之中，无数孤独等待中的望眼欲穿；是独在异乡，独自生活的孤独寂寥。

那茕茕孑立、形影相吊的寂寞，没有使她坠落，恰恰成就了她的创作。

1938年萧红在《七月》座谈会上说："作家不是属于某个阶级的，作家是属于人类的。现在或是过去，作家们写作的出发点是对着人类的愚昧！"

她始终守着一颗素心，清净、真实、勇敢。在短暂的一生中，以精准犀利的笔触，娴熟的写作技巧，抒情诗的意境，沉厚而又轻盈的文笔，创作出一大批优秀作品，在岁月的长河中留下永恒经典。

目录
Contents

第一章 别样的童年
- 她的城 …………………………002
- 快乐的园子 ……………………007
- 听时间在河水里行走 …………012
- 会响的房子 ……………………017

第二章 梦想从不把破灭放过
- 粉房里的歌声 …………………024
- 在静夜中歌唱黎明 ……………028
- 行走在路上 ……………………034

第三章 来不及思考的投奔
- 她只是微小的花 ………………046
- 青杏滋味浓 ……………………053
- 爱情萌发的火苗 ………………060
- 一只舟渡了半生 ………………067

第四章 带着爱情奔跑
- 肚子在唱歌 ……………………074
- 几个欢快的日子 ………………080
- 从灰烬中走向光明 ……………086
- 盛满泪的苦杯 …………………096

第五章 黄金时代多寂寞
把光影带回现实的陆地 …………… 104
思念很苦 …………………………… 108
满窗白月光 ………………………… 113

第六章 回归还是放逐
呼吸是云，愿望是空 ……………… 122
有一个国度是灰色 ………………… 130
紧贴的心 …………………………… 136

第七章 梦里故乡，思念镌刻忧伤
月光下的黑影 ……………………… 142
望极天涯不见家 …………………… 149
怅惘情如旧 ………………………… 153

第八章 倦鸟投林，只为一处安稳的栖息地
伤痕总在无止处 …………………… 162
回首故园春 ………………………… 167
故园今朝思千里 …………………… 172

第一章 别样的童年

　　檐下有阴凉,就地而眠,无枕无席,草帽一顶,斜斜盖上,梦里也有燕子飞翔。

　　祖父的眼睛是笑盈盈的,祖父的笑也是明朗的,常常笑得和孩子似的。祖父是自由地闲着打理园子,萧红跟祖父在一起,也自由自在地在园子里玩耍着。

她的城

> 春夏秋冬,一年四季来回循环地走,那是自古也就这样的了。风霜雨雪,受得住的就过去了,受不住的,就寻求着自然的结果。
>
> ——《呼兰河传》

蜿蜒在松北平原山岳原野之间的呼兰河,时而沉静温婉,缠绵多情;时而奔流不息,一泻千里。融化的雪水裹挟沙石顺流而下,仿佛发自大地胸腔深处的叹息,奔涌出一曲曲雄浑厚重的生命乐章。

呼兰是满语"胡剌温"的音转,意为烟囱。明代时,此河边曾设防屯兵,建炊事取暖烟囱,故,河称呼兰河,城为呼兰城。

此河一路奔流自西而来,绕城南过,呼兰城于清雍正十二年(1734)正式建成,是黑龙江最早建筑的五城之一。

城里,一位女子茕茕孑立,守望故园,低吟浅唱,她就是萧红,一个时代的特例。她一生凄婉孤寂,却又傲然独立。她静静地凝望着呼兰城里那些守着故土、勤恳努力的百姓,她看见时光罅隙漏出的那线光,微弱而无奈。

春夏秋冬,一年四季来回循环地走,那是自古也就这样的了。风霜雨雪，受得住的就过去了，受不住的，就寻求着自然的结果。

萧红写此话时，已经历经饥饿、情伤、战乱、逃亡……

灯下奋笔疾书的她，病魔缠身，思绪万千。笔在纸上"沙沙"如飞，那些生命的过往，如滚滚奔涌的河水付诸笔端，又似恣意舒展的花，随着浓浓的笔墨，一点一点绽开在素笺上……

"呼兰河就是这样的小城，这小城并不怎样繁华，只有两条大街，一条从南到北，一条从东到西，而最有名的算是十字街了。十字街口集中了全城的精华。"这是萧红在《呼兰河传》第一章中提及的故乡小城。

十字街是小城中最繁华之地，店铺林立、商贾云集，三教九流、五行八作无所不有。

南北两街，南起南河沿，建有木牌楼，称南门；北至北岗子，此大街为南大街。大街东为衙门，西有城隍庙。虽为城，并无城郭。此城彼时荒无人烟，后建有关帝庙和慈云寺，随着小城不断发展，南大街又向北拓展，延续到北城濠，十字街则是宣统三年（1911），呼兰知府王顺存力排众议，开辟出的。

这里集中了全城金银首饰店、布庄、油盐店、茶庄、药店，拔牙的洋医生……

呼兰河水流经小城，寒来暑往，默默地见证着呼兰小城百年来的兴衰。生活在这里的百姓，日出日落，辛勤劳作。城小，熟人多，迎头问好，低头走路，哪一家店铺，哪一处宅院，小城里的人如数家珍。

小城中看牙的地方尤为特别。"那医生的门前，挂着很大的招牌，那招牌上画着特别大的有量米的斗那么大的一排牙齿"，

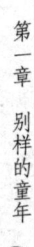

在广告还不流行的年代,路人看不懂,所以并不进去寻医问诊,女洋医生无生意可做,生活难以维持,兼做了收生婆。

城里除了主干道之外,当然也有其他支干道,东二道街,西二道街,这两条街是从南到北,在萧红印象中,五六里长,街上有几家粮栈、几家烧饼铺,还有火磨和两家学堂。

"风声、雨声、读书声,声声悦耳",萧红在家乡的小学堂里度过了小学时光。读书,给她的世界打开了一扇窗,开阔了视野,丰润了心灵。读书,为她今后成为"文学洛神"铺就了一条"崎岖"道路。

儿时的萧红,见证着老街上形形色色的人,形形色色的事,这些事里的人,活着,劳作着,生病着,也离开着……

灰秃秃的街道,车马走过,便有烟尘滚滚;疾雨落过,满地污秽烂泥。东二道街上有一个大泥坑,五六尺深。这个大泥坑长年在此,平日里面是泥浆,下了雨就变成泥河,太阳出来,坑水落去,苍蝇蚊子横行,附近人家,受尽苦头。

交通如此不便,经过这里的马陷进去过,车翻过,行人掉下去过,但这里的人面对大坑,却没有出面牵头想着把大坑填平。

有猪掉进泥坑被淹死,他们还很开心,因为淹死的猪肉卖得便宜,于是都抢着去买。更有甚者,将"瘟猪肉"也来充"淹猪肉"卖。百姓吃出病,还侥幸,如果没有这泥坑,就不能将"瘟猪肉"冒充"淹猪肉"卖了,买了,吃了!

既想吃肉,又得吃得合情合理光明正大,还要便宜,大泥坑子不填有不填的道理。

东二道街南头,有一位卖豆芽菜的王寡妇,做着小本生意,过着平静的日子,飞来横祸,她的独生儿子在河里洗澡淹死了,人们便当新闻传来传去,完全不理会痛苦的母亲因此疯了,在街上或是在庙台上狂哭,声音悲切,没有人安慰她,任她哭,哭完继续平静地生活着。

小城有许多不幸者:

街上的疯子傻子,狗咬他了,他会逃跑,会叫得比狗的声音还响亮,行人并不出手相助,一脸漠然,像没有看见一样。

染缸房里,两个年轻的学徒为一个女子争风吃醋,大打出手,一个死在染缸里,另一个进了监狱。大缸依然在用,卖的布依然被人穿,红色的做成大红袍子,姑娘穿上做新娘子。

造纸的纸房里,一个私生子活活饿死了,也无人问津。

扎彩铺的,也有人羡慕。"清悠、闲静、鸦雀无声,一切规整,绝不紊乱。丫鬟、使女,照着阳间的一样,鸡犬猪马,也都和阳间一样……"

人们把死去的人的东西准备得富丽堂皇,干这些活计的人,却粗糙、丑陋,吃粗菜粗饭,穿破衣烂衫,睡在自己扎的这些车马、人、头之中。

小城,除了街,还有胡同。胡同里:

卖烧饼的过来了。

卖麻花的过来了。

卖凉粉的过来了。

卖豆腐的过来了。

打着拨浪鼓的货郎,担着担子过来了。

……

日子一天一天过去,一年一年过去了……

呼兰小城里的百姓们,在闭塞的小城里麻木生活,安静死去,一切都是自然的结果。

幼时萧红在小城耳濡目染,渐渐长大,她很迷茫,人终将

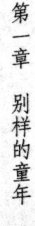

走向怎样的结果？人活着到底为了什么？

而她的出生，在小城人民看来，何尝不是自然的结果？

1911年6月1日，萧红出生于张家大院正房东侧外间。此日，正是农历五月端午。在民间，孩子在端午节出生极为不祥，民间有"男莫占三、六、九，女莫占二、五、八"的说法，张家对外便将萧红的生日推迟一日。

刚出生，她哭声极大，接生婆听着，对她的母亲姜玉兰念叨着："这丫头片子真厉害，大了准是个茬儿。"

荣升为父亲的张廷举颇为失望。旧时，重男轻女思想严重，若是男娃，便可延续香火了。老祖母更是沮丧，但祖父张维祯却颇为开心，给初生的孙女取名荣华，学名秀环。

关于萧红的祖父张维祯，《东昌张氏宗谱书》记载："公秉性温厚，幼读诗书约十余年，辍学时正逢家业隆盛之际，辅助父兄经营农商事务。"但他成年后，不善理财，家道日渐败落，与其妻范氏在呼兰小城平淡度日。

范氏育三女一男，女儿相继出嫁，幼子夭折。虽然夫妻二人吃穿不愁，但无子嗣继承家业、养老送终，终是心病。张维祯的堂弟张维岳育有七子一女，张维祯经斟酌，与弟商量，选中了其三子，即萧红的父亲张廷举。

张廷举3岁丧母，12岁过继给堂伯父张维祯。他天资很高，学业有成，21岁毕业时，被授予了师范科举人，从七品虚衔官职的中书科中书衔，被分配至黑龙江省汤原县任农业学堂教员、劝业局劝业员，后历任呼兰农工两级小学校长、呼兰县教育局局长、黑龙江省教育局秘书等职。

1910年，张廷举回到呼兰，为家乡教育事业效力，任农业学堂的改造私塾总教习、小学教员等职。次年，即婚后第三年，萧红出生。

张廷举祖上虽是兴盛,至他时,已呈颓势,但在呼兰县田产依然可观:河西乡有涝洼地200余亩,给农民租种;县城东门外有20余亩菜田,包给一户纪姓菜农经营。呼兰城内,有正房一排五间自家居住,院外西侧还有二十余间危旧房屋,皆出租给贫困百姓,此外,在商号里还有些许股份。

萧红生活在此种家庭,亦是快活。3岁时,她的弟弟富贵来到了人世,随后母亲又生了二弟连贵,三弟连富。连贵大名张秀珂,长大后参加了革命。其余两个弟弟未及成人便夭亡了。

萧红在小城里渐渐长大,小城人们的生活在她眼中是平平淡淡,无起无落,甚至过得非常麻木、死气沉沉,这不是萧红要的结果。在这自然的结果之外,还有更好的结果,去见识更好的天,更好的世界,去经历更丰富的人生。

小小萧红,带着好奇,带着天真,带着憧憬,努力读书,梦想着走出这座小城,去更广阔的天地。

快乐的园子

祖父一天都在后园里边,我也跟着祖父在后园里边。祖父戴一个大草帽,我戴一个小草帽,祖父栽花,我就栽花;祖父拔草,我就拔草。当祖父下种,种小白菜的时候,我就跟在后边,把那下了种的土窝,用脚一个一个地溜平,哪里会溜得准,东一脚的,西一脚的瞎闹。有的菜种不单

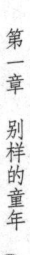

没被土盖上,反而把菜子踢飞了。

——《呼兰河传》

萧红幼时并非大人眼中的乖女娃。家里每扇窗子四边糊纸,当中嵌有玻璃,其他屋内窗户玻璃边的纸皆是暗黄土纸,萧红的祖母有洁癖,屋内窗纸最为白净,绷得又紧,手指一触及窗上,那纸窗便似小鼓,"嘭嘭"会响,而且,一用力,就会破一个洞。

萧红3岁时,有人将她抱至祖母住的西屋的炕上。她睁着明亮的大眼睛打量着四周,觉得祖母的窗户与众不同,她颇是喜欢,便不假思索地往炕里边跑,跑至窗子边,伸出手,将那洁白的透着花窗棂的纸窗捅出几个洞眼。

倘若不加阻止,萧红就必然挨着排将窗纸捅破。若有人要她别捅,她非但不停,还会更快地多捅几个才会停止。

祖母见好端端的窗户就这样破了洞,忍不住骂几句,萧红却不管祖母怎么骂,反正破得越多,她就越得意。祖母被萧红的淘气惹急了,这日,祖母见萧红来了,她便拿了一根大针至窗子外边等她。萧红刚一伸出手去,手指就被刺了,痛得厉害。十指连心,看着殷红的小血珠从指上渗出,从此,萧红就不喜欢祖母,因为,祖母用针刺了她。

祖母并未将此事放在心上,还照样给她糖吃,咳嗽时吃猪腰烧川贝母,也分给孙女猪腰,但是萧红吃了猪腰还是不喜欢祖母。

祖母临终之前,病情极重,萧红依旧淘气。那日,阳光温和,祖母的屋内,浓浓的药味弥漫,她独自坐于炕上熬药,药壶置于炭火盆上,屋内极静,四周无人,萧红将门一开,用拳头在门板上响亮地"咚咚"擂了两拳,祖母被这突然的声音吓了一跳,

"哟"的一声，铁火剪子便掉在地上了……

萧红淘气，时常让祖母心烦，但祖父却从未嫌烦。

萧红出生时，祖父已至花甲之年，她长到三四岁，祖父就快古稀之人了。

祖父年轻时虽读过许多书，但不善经商理财、治理家政。祖母则较为强势，家里家外，打理得井井有条。偶尔让他做点活，擦一套锡器，因是礼器，祭祖时用具，须得时时擦拭洁净，但祖父的工作并未达到祖母的要求，便常常挨祖母的骂，骂他懒，骂他擦得不干净。祖孙俩便会去后院的园内散心。

这园中非常热闹，蜜蜂、蝴蝶、蜻蜓、蚂蚱都有。祖父平日多在后园里忙碌，栽花、锄草、种蔬菜……

萧红年纪小，后园最接近大自然，青草散发着沁人心脾的清香，花儿开得姹紫嫣红，各类昆虫神气活现，她便在后园里学着祖父的样子亦跟着做这做那：

> 祖父一天都在后园里边，我也跟着祖父在后园里边。祖父戴一个大草帽，我戴一个小草帽，祖父栽花，我就栽花；祖父拔草，我就拔草。当祖父下种，种小白菜的时候，我就跟在后边，把那下了种的土窝，用脚一个一个地溜平，哪里会溜得准，东一脚的，西一脚的瞎闹。有的菜种不单没被土盖上，反而把菜子踢飞了。

玩得尽兴的小萧红，继续在园内追着翅膀上有着斑斓色彩的蝴蝶，一不小心，便沾着一手花粉。有时，她会小心翼翼地蹲下身子，在草丛中寻找那跳跃的蚂蚱，不时惊呼。那"嗡嗡"忙着采蜜的胖蜜蜂，从这朵花又飞到那朵花上去了，看得她眼睛都忙不过来。

玩着玩着，她便又跑到祖父身边，继续学着祖父的样子：

"祖父铲地，我也铲地；因为我太小，拿不动那锄头杆，祖父就把锄头杆拔下来，让我单拿着那个锄头的'头'来铲。其实哪里是铲，也不过爬在地上，用锄头乱勾一阵就是了。也认不得哪个是苗，哪个是草。往往把韭菜当作野草一起地割掉，把狗尾草当作谷穗留着。"

祖父看孙女五谷不分，便耐心地教她认谷子。小萧红一边应承，一边又去摘黄瓜，黄瓜尚未吃完，又去逮蜻蜓……

祖父的园子里好玩的东西实在太多，且都是活生生的，祖父的园子如同大自然的课本，那些倭瓜的花心，大绿豆般的青蚂蚱，都让小小的萧红在快乐中学习知识，在快乐中渐渐成长。

在父亲、祖母眼里淘气的小萧红，在爷爷的眼里是充满灵性的，快活的，无拘无束的孩子。

这份自由，从萧红的心底发出：

"花开了，就像花睡醒了似的。鸟飞了，就像鸟上天了似的。虫子叫了，就像虫子在说话似的。一切都活了。都有无限的本领，要做什么，就做什么。

"要怎么样，就怎么样。都是自由的。倭瓜愿意爬上架就爬上架，愿意爬上房就爬上房。黄瓜愿意开一个谎花，就开一个谎花，愿意结一个黄瓜，就结一个黄瓜。若都不愿意，就是一个黄瓜也不结，一朵花也不开，也没有人问它……"

自由地生，自由地长，自由地开花，自由地活，园子里所有的动物、植物在萧红眼里都是自由的。

童年的萧红，在祖父面前也是自由的，自由地笑，自由地玩耍，不会挨骂，不会被打，不会看到坏脸色，她如同三月春风里那檐前紫燕,剪剪飞翔,她目之所及,喜柳翩跹,水波潋,草芬芳。

　　玩累了,后园檐下有阴凉,就地而眠,无枕无席,草帽一顶,斜斜盖上,梦里也有紫燕飞翔。

　　老祖父弓背拔草,神情颇为专注,小萧红却被开得正旺的玫瑰花吸引了视线。花开得极旺盛,虽然多刺,有蜜蜂在飞,摘花是件极困难的事,但她采下许多玫瑰,悄悄给祖父戴起来。

　　祖父只知孙女是在捉弄他的帽子,不以为意。萧红则一口气将祖父的帽子上插了一圈花,红通通的二三十朵。

　　祖父不明就里地说:"今年春天雨水大,咱们这棵玫瑰开得这么香。二里路也怕闻得到的。"

　　小萧红见祖父并不知晓他帽子成了花帽子,亦不告诉祖父自己的恶作剧,祖父也还照样地拔着垄上的草。忙活完的祖孙俩回到屋子里,祖父戴着插着红通通的花朵的帽子让祖母见了,她大笑,也不说,紧接着父亲、母亲进来看见,也笑了起来,萧红看着自己的杰作让大家都笑得这么开怀,自己笑得最厉害,在炕上打着滚笑。

　　在祖父的园子里,萧红过得既自由又开心,父亲的冷淡,母亲的忽视,祖母用针刺她手指这些事,在她心中也不算什么事了。

　　谁说萧红不乖了?在祖父眼里,她又乖又可爱,如果没有她,这园子该多寂寞呀,老人的生活该多无趣呀!

　　祖父、园子、萧红,缺一不可!

　　祖父、园子、萧红,快乐园子的完美组合。

听时间在河水里行走

　　除了我家的后园，还有街道。除了街道，还有大河。除了大河，还有柳条林。除了柳条林，还有更远的，什么也没有的地方，什么也看不见的地方，什么声音也听不见的地方。

——《呼兰河传》

　　纵有千古，横有八荒；前途似海，来日方长。悠悠南山下，陶渊明自在采菊，脉脉康桥边，徐志摩回首凝望。高更有塔希提岛，梭罗有瓦尔登湖……而萧红有祖父的园子。

　　古老的宅子关不住一只渴望飞翔的小鸟，祖父那热闹的园子也留不住渴望高飞的萧红。

　　隆冬将至，万物凋零，祖父的后园也要封闭了，大雪飘落，后园很快就被雪盖住了，天地茫茫，只剩下空空一片洁白。

　　这时候，通往园子的后门，也用泥封起来了，封得很厚，在年幼的萧红看来，整个冬天挂着白霜。

　　百无聊赖的萧红想去祖母的屋子，那里有许多"宝贝"。祖母帽筒上的孔雀翎，像长着一双双黑眼睛，看上去神秘、柔软、轻盈，她很想摸一下，祖母不允："不能摸，瞧，你的手多脏。"

　　祖母的躺箱上摆着一个座钟，非常稀奇，上面画着穿着古装的大姑娘,栩栩如生,萧红到祖母的屋内,祖母若不在,座钟"嘀嗒"响着,画中人与萧红仿佛在对视,四周极静,萧红觉得画中人似活着,且瞪着她,萧红将此事说与祖父听,祖父含笑说:"那是画的,她不会瞪人。"但萧红心中,却把那钟当活物了,坚持说那姑娘是会瞪人的,她的眼珠会转。

祖母的大躺箱也很神秘,上面雕着二三十个小人,穿古装衣裳,宽衣大袖,还戴着顶子,插着翎子,他们吃酒、吃饭,作揖……

走进祖母的屋子,萧红总感觉她像走进了时间的河流里,那有着眼睛的大钟,慢条斯理地摆着,像数着走也走不完的岁月的年轮。那些小摆件,也像一个个古代人的缩影,将她带入极深远的时光中去。

家中还有储藏室,摆满了坛子、罐子、箱子、柜子、筐子、篓子。除了自己家的东西,还有别人寄存的。这里尘埃满室、耗子乱窜,蛛网密布。

萧红在这里常常被弄得灰头土脸,但她乐此不疲地翻箱倒柜,寻找属于她的宝藏。那些花丝线、各种颜色的绸条、香荷包、搭腰、裤腿、马蹄袖、绣花的领子,还有铜环、木刀、竹尺、观音粉都成了她的玩具。

她寻到木刀、观音粉,便左手拿着木头刀,右手拿着观音粉,这里砍一下,那里画一下。得到了一个小锯,就用这小锯,开始毁坏起东西来。小孩子总是好奇,她会在椅子腿上锯一锯,在炕沿上锯一锯,把这柄小木刀也锯坏了。

冬天出不了门,可以玩的世界小,她只能在黑洞洞的、灰尘厚积、蛛网蛛丝密布的储藏室里消磨漫长的冬季时光。

祖母常骂她:"你这孩子,没有东西不拿着玩的,这小不成器的……"骂归骂，但并不会严苛地对待她，只是嘴上说说。

那些旧物，长期被深锁、被遗忘、不见天日，有的要腐烂了，有的生了虫子，被萧红翻出来，她拿出来玩，这些东西出现在人们的眼前，其中藏着的故事，也都又慢慢从祖母、祖父、母亲的嘴里述说出来：

这是你大姑的扇子……

那是你三姑的花鞋……

那葡萄蔓藤的手镯，祖母一边看，一边说，当年她就戴着这个手镯，坐着小车子，抱着萧红的大姑回娘家，路上遇到土匪把金耳环给摘去了，没有要这手镯。如果这手镯也是金的银的，也一定要被抢去的。

……

听着祖母讲这物件里深藏着的故事，萧红想，家里多少年前放的东西，没有动过，他们过的是既不向前，也不回头的生活，凡过去的，都算是忘记了，未来的他们也不怎样积极地希望着，只是一天一天平淡地、在他们祖先给他们准备好的口粮之中生活着。

萧红6岁时，祖母病重。亲戚们皆回来，忙忙碌碌，准备后事。祖父没时间陪萧红玩。大人们的悲伤，小孩子不甚明白。祖母去世对于年幼的萧红来讲，没有伤悲，只有空前的热闹。吹打班子开了张，哭的、唱的、念经的和尚老道……在萧红看来，那些忙着扯白布，挂白帐子的景象是如此模糊，亲戚们带来了许多孩子，将各种乐事带到她生活中来。

这些孩子短时间内陪着她上树、爬墙、登房顶。还有难度系数比较高的游戏，比如捉鸽子、捉家雀……

萧红跟着这群孩子到井口边去，深深的井内极黑，仿佛宇宙的黑洞,要把人吸进去。萧红好奇地往井内张望看,望不到底,见所未见,她在上面喊一声,里边"嗡嗡"的回答声撞击着井中的水,井边的壁,用小石子投下去,那响声便显得如此深远,隐约让她觉得入了另一个时空,她感觉迷幻,极不真实。

小伙伴们又带着她去粮食房子、到碾磨坊,还把她带到街上。

萧红走出家门,才晓得除了后园之外,还有更大的地方。她站在长长的街上,四下人来人往,人声鼎沸,她有些恍惚,一时间,身边的景似乎全看不见了,小小的心里却有一个声音如同深井里那回荡的响声:是不是我将来一个人也可以走得很远?

萧红跟着那群孩子,越走越远,往南河边走去,虽然离她家也不远,但是对一个刚走出家门,看到外面世界的孩子来说,她见过自己曾经从未见过的太多的东西,心里不停地升起无穷的惊叹。

他们路过一座营房,营房的院子很大,南大营的门口,有兵守门,她想:里面一排排整齐的营房要装多少人呀。从营房院子的门口望进去,如同看到了另一个天地,看不见底似的,以至于她走过去了,还频频回过头来看。那摆在墙头的花盆,萧红也是第一次见到,她真担心这盆花被人偷去。

他们继续走着,远远地,一个崭新的小洋房在阳光下亮闪闪的,这使萧红觉得家里的房子无比老旧。

萧红不停地跟着孩子们向前方走去,那双眼睛好奇地四处打量,嘴里不停地问:"到了没有?"

南河实在太远,远得让萧红觉得怎么走也走不到。终于见到河水了,那是她第一次看见大河,河身宽大,河水平静,四周有绿柳,河的对岸空旷沉寂,万物都在大天大地之中。

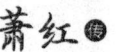
呼兰旧事空回首

她望着这条河如大地上的一条玉带伸向远方,不知道这河水是从什么地方来的,她想,这河水流到这里,走了几年了?

这条大河,大得让萧红惊叹,她静静地走到河边上,抓了一把沙子抛下去,那河水却没有因此而脏。河上有寥寥几只船,有的往东去,有的往西去。萧红对这个世界有了新的认识:

除了我家的后园,还有街道。除了街道,还有大河。除了大河,还有柳条林。除了柳条林,还有更远的,什么也没有的地方,什么也看不见的地方,什么声音也听不见的地方。

此时此刻,萧红站在河边,望着河水奔流而去,小小的心,似乎突然茅塞顿开……

天地苍苍,大河汤汤,庄子云:"人生天地之间,若白驹之过隙,忽然而已。"小萧红此时立在这天地之间,听河水流淌的声音,那颗向往自由的心,要去外面的世界闯荡的念头,如雨后春笋,一发不可收拾地从心底探出头来。

回忆童年,是很多成年人爱做的事。时间在河水里行走,那轻快的跳跃,那奔流的脚步,那翻滚的浪花,那咆哮的水声,何尝不似萧红的一路奔跑,一路求索?

世界的确很大,为追梦者让路!

会响的房子

> 我细听了一会,听不出什么来,还是在我自己的小屋里边坐着。这小屋这么好,不怕风,不怕雨。站起来走的时候,顶着屋盖就走了,有多么轻快。
>
> ——《呼兰河传》

童年,在凉月满天的时候想起,是闪烁在心间的晶莹剔透的珍珠,又似牧童翠绿的短笛吹起的悠长清亮的小曲,是萧红心中冷寂寂的白月光。

幼时的孤独、寂寞,毫无防备地撞入成年后萧红的心间,回闪、快进、定格、退格……特写镜头由远及近,一点一点放大,放大……

白晃晃的院子,土墙已然露出斑驳的痕迹,空寂的院子里,穿着青衣白衫的小萧红,百无聊赖地在院子里晃荡着,小小的身影,在阴沉沉的云天下,更显得形影相吊。

祖父不在身边。他极忙碌,忙着应酬来到这个家庭的大大小小、男男女女的亲戚朋友,忙着对那些来客作揖回礼,相互问候。萧红看着这些亲戚忙忙碌碌,不知他们忙些个什么。只见有人拿着针在缝白布,有的把一个小罐里边装了米,罐口蒙上了红布。还有的在后园门口拢起火来,在铁火勺里边炸着面饼子。

萧红觉得奇怪，伸着头凑近了问她："这是什么？"

"这是打狗饽饽。阴间有十八关，过到狗关的时候，狗就上来咬人，用这饽饽一打，狗吃了饽饽就不咬人了。"那人一边低头忙活着，一边告诉她。

萧红听得似懂非懂，就跑开了。院子里人来人往，大家各自忙碌着。她走到屋里，看看这个，问问那个，那些人说的话像轻雾似的朦胧，萧红不得其解。

祖父似乎把她忘记了。萧红多么渴望祖父能够像从前那样扛着锄头，戴上草帽，牵着她的小手，两人一前一后，在后园里想做什么就做什么。

后院里的草此时特别茂盛，萧红实在无聊，她独自来到后园，在草丛里惊喜地发现一只极大的蚂蚱，她左扑右扑，弄得浑身上下都是草汁子，总算把那只大蚂蚱逮住了。爷爷看见了一定会高兴的，她兴奋地想着并小心地捏着那只青绿的大蚂蚱，喜滋滋地去送给祖父看，祖父连看也没有看就说："真好，真好，上后园去玩吧！"

潇潇细雨无边无际地落着，起初是牛毛般，细密、无声、铺天盖地，这沾衣欲湿的雨，吹面不寒的风，都带着一种情绪，是无边的失落，也是无人陪伴的忧伤。

风渐而大了起来，萧红想要进屋去拿草帽，一转眼，园子角落厚厚实实的大酱缸与她的眼睛不期而遇。

雨落在伞形的缸盖儿上，也落在厚重的大缸身上，起初那粗糙的缸身上像沾了细细的雨的绒毛，渐渐地，这缸吸着雨，显得饱满光润了，又被雨洗着，精神起来，但依然像个老实的护院人似的，立在角落，纹丝不动。

萧红在那一瞬，心头便闪进一个欢悦的念头：这个缸帽子，如果顶在头上遮起雨来一定比草帽好。

她试图把这缸盖子翻下来，试了几次，那个缸帽子始终盖在大缸上。她想了许多办法，终于将湿湿的缸帽子翻下来，可以轻松地滚动。萧红小手用力，缸帽子在园子里"轰隆轰隆"滚来滚去。萧红独自玩了一会儿缸帽子，本来是要去屋子里拿草帽避雨的，如今有了更大的缸帽子，她钻进了这个缸帽子底下，完全淋不到雨，她被这缸帽子结结实实地遮着。

萧红双手撑着缸帽子，趔趔趄趄走着。雨点在头顶上"啪啪"地击打缸帽子，水花四溅。

时急时缓的雨点，在缸帽子上大珠小珠溅玉盘一般，"嘀嘀嗒嗒""哗哗，哗哗"……像是天和地的大合奏。

萧红的脚下是随意长着的狗尾草和绿油油的韭菜。狗尾草舞着柔软的腰肢，那胖乎乎毛茸茸的草叶触摸着萧红那裸露在外的脚踝，像在给她挠痒痒。

"哗"的一声，缸帽子落在了地上，那是一块长着很厚的韭菜的地方，被雨洗过的绿韭，清新柔软，她坐在这又绿又厚的散发清香的绿毯似的菜地上，头顶这缸帽子安全、结实、稳妥，萧红欢喜地坐着，毫无禁锢，自由活动的缸帽子如一座小小的房子似的牢牢地把她罩着。

坐在缸帽子底下，萧红看不见天，只能看见地。她的耳边是雨滴打在缸盖子上发出的各种声音，这种声音，在萧红听来，包含着千言万语，在头顶争先恐后地说着话："哗哗哗，啦啦啦……"

小萧红听着这雨声入了迷，又似乎觉得一切别的声音都变得远了，如梦如幻。大树在风雨里被吹得呜呜响着，好像大树已经被搬到别人家的院子里似的。

北墙根离家里的房子很远,家里边那闹嚷嚷的声音,也像是来自远方。

我细听了一会,听不出什么来,还是在我自己的小屋里边坐着。这小屋这么好,不怕风,不怕雨。站起来走的时候,顶着屋盖就走了,有多么轻快。

小萧红起身,继续顶着这只巨大的缸帽子,这"小房子"真重,萧红想。她顶起来非常吃力,但依然继续顶着,只能看到脚下一小块地方。

一只巨大的酱缸盖子随着一双小小的脚,缓缓地在绿色的草地上挪动,如同一只小蜗牛背着房子在花园里慢慢移动。

跌跌撞撞,走走停停,"小房子"上的雨声不停地响着。"房子"外的风声,也像是在低声"呜咽"着。

她一路摸索着,来到后门口,她是要把这个"小房子"顶给祖父看。她是想用自己滑稽可爱的样子逗祖父开心,祖父一开心,就会笑得胡子翘上天。

外面什么也看不见,她只能看见脚下这高高的门槛,小萧红觉得自己的脸上湿腻腻的,不知是汗水还是雨水将额前的刘海粘在脑门上。

萧红好不容易跨过去了。缸帽子还在头顶罩着,屋子里什么也看不见,祖父在哪里?

"哐当"一声巨响,"小房子"连同小萧红一起骨碌碌地翻倒在地。

父亲一脚把她踢翻了,这一脚,可真重,差点把她踢到灶口的火堆上去。

"小房子"也在地上滚着……

等人家把她抱了起来,她脱离了缸帽子,抬头一看,屋子里的人完全不对了,都穿了白衣裳。

再一看,祖母不是睡在炕上,而是睡在一张长板上。

祖母死了。

激动喜悦的心如同烧得通红的铁块,被猛地投入冷水中似的,发出"滋滋"的响声,瞬间冷了下来。刚才还顶着缸帽子,把缸帽子当成"会响的房子",这"房子"再也不会响了。

这暗沉的屋子里,却响着那么多声音,嘈杂的劝说声,冷冷的议论声,父亲的咒骂声,还有那时高时低的哭丧声……

房子里的各种声音,连同园子里"小房子"的乐曲声,在萧红耳边萦绕不去,时时氤氲在岁月深处那些寂寞的时光中"空——空——""空——空——"回响着……

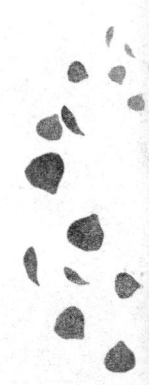

第二章 梦想从不把破灭放过

"我要走过名山大川，江河湖泊，遇见喜欢的风景，就不走了，做一名流浪的画家。"行走在路上，这样不经意的憧憬之语，却也是萧红内心所愿。她不想被困在这落后闭塞的呼兰小城，如小城里那些平凡的女子一般，默默无闻、相夫教子，从此虚度一生。

粉房里的歌声

> 那粉房里的歌声,就像一朵红花开在了墙头上。越鲜明,就越觉得荒凉。
>
> ——《呼兰河传》

青瓦、白墙承载着岁月斑驳的痕迹,寂然无声,这是萧红家的院子,它安静地坐落在呼兰县城一隅,庭院深深深几许。

院子里大大小小的房屋三十余间,错落有致,井然有序。走进大门,靠着大门的东壁是三间破房子,靠着大门的西壁仍是三间破房子,再加上一个大门,看起来是七间连着,形成一定的规模,从外表看上去,这建筑威武高大。

走近看,灰涂的墙壁似乎用手能抓下几把粉来,冷不丁,有几缕凉风刮来,"嗖嗖"地升起一阵凉意,着实不敢让人想着那雨天的情景。

萧红在院子里、房子间穿行而过,粗木的房架顶着这些高大的房子,上面的瓦片在阳光下,颜色是灰的、暗的,房脊上还有镂空的用瓦做的花,迎着太阳看去,颇有韵味。房脊的两梢,一边有一只鸽子,也是瓦做的,终年不动。

萧红来到装粮食的屋里,那是西边的三间,窗户坏了,用板钉起来,门也坏了,每当她打开门的时候,那门就颤悠悠的,好像随时就会倒下去。

走进屋，屋子里充满了一股土腥气，粮仓底下有耗子见有人来了，"哧溜"一下窜过，粮仓上面的屋顶有洞，露着亮，有麻雀从这个破洞扑扇着飞下来，头不停地点着，尽情享用那粒粒饱满的麦粒、稻谷。

除了这七间房子，还有六间破房子，三间破草房，三间碾磨坊。

那里住着养猪的、卖凉粉的、卖馒头的、赶车的……

萧红最羡慕的是住在那三间破草房里的卖凉粉的一家。这些破草房孤零零的，看上去毛头毛脚的，歪歪斜斜地站在院子的西南角上，离别的屋子很远。草房子的屋顶因为铺着草，日子久了，便生青苔，使得房子远远看去像是顶着绿茵的纯天然纯生态住宅了。

下了雨，这草房子的房顶上就长出了蘑菇，一片一片地，甚是喜人。

萧红家的租客们以及萧红自家住的房顶上，没有那么茂盛的蘑菇。他们的房子的顶上都是瓦片盖着的，大家见这草房子顶上长着蘑菇，便羡慕住在这草房子里的人。

萧红常常站在破屋子边，两只眼睛像长出了手，跟着那租户的手一起，在采大大小小，形如伞状的蘑菇。

住在院子的人都羡慕地说："这蘑菇是新鲜的，可不比那干蘑菇，若是杀一只小鸡炒上，那真好吃极了。"

"蘑菇炒豆腐，嗳，真鲜！"

"雨后的蘑菇嫩过了仔鸡。"

……

"早知道租房子能生蘑菇，我们也租这草房子就好了，连

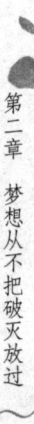

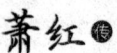

蘑菇都一起租来了。"

那些贫穷的租户,认为租住在这些长着蘑菇的草房子里,是得了很大的便宜,那鲜嫩嫩的蘑菇是上天给予的意外之财。

卖凉粉的这家人站在房顶上采着蘑菇,虽然他们穷,他们生活很苦,此时,他们眼睛的余光瞥见屋子底下这些人艳羡的神情,便觉得在屋顶上采蘑菇是一件荣耀至极的事,采蘑菇也采得越发慢,还故意选几个大的,从房顶上骄傲地抛下来,得意扬扬地说:"你们看吧,你们见过这样干净的蘑菇吗?除了是这个房顶,哪个房顶能够长出这样的好蘑菇来?"

萧红并不参与到在屋子底下捡蘑菇的队伍中,她的一双大眼睛紧张地注视着房顶上的人,心都提在嗓子眼了。破屋顶,露着的洞,像一个张着森森牙齿的怪兽之口。屋顶上的人,若一不留神掉下来,旋即就落入"怪兽"之口了!

"啊!"一声惊叫,房顶上的人一不小心,脚踩空了,真的漏在屋顶的洞里,那人并不慌张,把脚往外一拔,脚上的鞋子不见了,萧红眼见着那鞋子"倏"的一声,落在沸腾着水的锅里上下起伏着。

锅边漏粉的人看着带着泥浆的鞋在锅里上下翻滚,粉条沾着泥的颜色,黄乎乎的,越发开心,却不将鞋子拿出来。

"反正这粉条是卖的,又不是自己吃。"他们说。

平素热闹的粉房,长着青苔盛产蘑菇的粉房,下了雨,全屋就像小水罐似的,到处都是湿的,萧红担心,下雨天这些人怎么睡得香呢?

他们做着粉,屋顶上长着蘑菇,有了免费的美餐:蘑菇炒粉,蘑菇炖粉,蘑菇煮粉。没有汤的叫作"炒",有汤的叫作"煮",汤少一点的叫作"炖"。

祖父在这些租户心目中是一位待人宽厚，年高德劭的人。卖粉的人家若是哪天蘑菇采得多了，就多做一大碗，送到祖父这儿。祖父郑重地接过那一大碗热乎乎的蘑菇炖粉，真诚地向来者表示着谢意。等那背影看不见时，祖父却郑重地对萧红说："这吃不得，若吃到有毒的就吃死了。"

萧红并不相信祖父的话，也吃不到那碗爱心蘑菇粉。她想：粉房里的人，从来没吃死过，天天在里边漏着粉，唱着歌。

粉房的门前支的几丈高的架子上搭的亮晶晶的白色粉条，在阳光的映照之下，像一匹匹宽幅白练银光闪闪，叫人过目难忘。

粉房里的人们一边挂着粉，一边唱着歌。粉条晒干了，他们一边收着粉，也是一边唱着歌。萧红来来回回经过这里，看着他们劳作，听着他们的歌声，却总觉得他们的存在，使这个院子的热闹存在着，他们的歌声，使这个院子也似乎充满了生机。这热闹，这生机，却像不是真的。

那粉房里的歌声，就像一朵红花开在了墙头上。越鲜明，就越觉得荒凉。

再细细听，那歌词也是悲凉的，像是在唱他们自己的心声：
正月十五正月正，
家家户户挂红灯。
人家的丈夫团圆聚，
孟姜女的丈夫去修长城。
……

光阴荏苒，岁月将层林尽染，伏案写《呼兰河传》时的萧红，已经在外漂泊数载，而她的脑海里依然会清楚地浮现出故乡的人,故乡的事,还有院子里每一个晴天到来时,草房子门前的粉丝瀑布挂起来的情形。耳朵里,隐约回荡起粉房里传出的那悠扬的歌声。

那歌声,伴着拉磨人家的梆子声,伴着养猪人家唱的秦腔,伴着"咿咿呀呀"的胡琴单调酸楚的小调,在青瓦、白墙、飞檐的深深庭院里幽幽地传出来,然后又渐渐地散去了……

在静夜中歌唱黎明

> 我一念起诗来,我家的五间房都可以听见,祖父怕我喊坏了喉咙,常常警告着我说:"房盖被你抬走了。"
> ——《呼兰河传》

"书犹药也,善读之可以医愚。"祖父淳厚沧桑的嗓音还没从空气中散开,萧红已经仰起头来,稚嫩清脆的声音清凌凌地在屋子里回响。

"春眠不觉晓,处处闻啼鸟,夜来风雨声,花落知多少。"孟浩然的《春晓》在萧红的嘴里吟诵的时候,是叫出来喊出来的。她仰着头扯着嗓子对着祖父喊,她拍着手围着祖父转着圈地喊。

祖父张维祯慈祥地望着这位天真可爱的小孙女。"诗可不是这样读的哟。"说着,便跟着笑了起来。

"爷爷,爷爷,再念一首我听听。"萧红总是缠着祖父给她念诗,好像祖父的脑子里藏着一本厚厚的大诗集,只要她想听,祖父就会从嘴里吐出一串串精彩的诗句来。

萧红学诗的劲头很大，像海绵吸水，无休无止。

这真是叫人奇怪，小萧红不去逮蛐蛐、捉蜻蜓，也不去外面看别人家的热闹事情，整天小嘴不闲着，像唱歌一样学起诗来，像玩游戏般地学诗，还从没见过有哪个孩子对古诗能痴迷到这样的地步，无论如何，祖父对孙女学诗的劲头深感欣慰。

萧红学诗，许是受了兰哥的影响。曾经随母至萧红家做客的兰哥，在萧红心中埋下一颗小小的学习的种子，这粒种子只要遇到合适的土壤，便使劲地裂开、发芽、生长、抽枝、长叶。

祖母病重时，亲戚们都来了，萧红对二姑母的到来印象很深。她坐着一辆由骡子拉的车子，骡子长得很结实，神气活现地，甩着蹄子奔跑，打着响鼻嘶鸣。它脖子上还挂着铃铛，每走一步，铃铛便"哗哗啷啷"直响。这清脆的铃声吸引了萧红的注意力。骡子停在她家屋子的雕花窗前，一个活泼的小男孩从车上跳了下来，个头比萧红略高，看上去，这个男孩子岁数也比自己年长些。

有一位和自己年纪相仿的孩子来了，她开心极了。

"哈，我有玩伴了。"她第一时间就跑去问祖父关于这个新来的孩子的情况。

祖父说："你得叫他兰哥。"

起初，萧红只是好奇地跟在人群后面看着这孩子在院子里东张西望，不大一会儿工夫，他们彼此之间的拘谨不见了，萧红很快和他熟悉起来。

孩子的友谊无须考验，天真友善便是最好的通行证。满院子大人互相招呼，张长李短。孩子也有孩子的交友套路。

萧红神秘地对兰哥说："跟我来，我带你去见识一个好地方。"

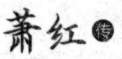

两个孩子蹦蹦跳跳地去了后园。

"这个是玫瑰树,这个是狗尾草,这个是樱桃树。这樱桃树是不结樱桃的……"

萧红带着兰哥在园子里跑来跑去,老道地向兰哥介绍园子里的一草一木,显示自己这个小主人见多识广。

他们一会儿闻闻花香,一会儿跳起来,伸手够树上的叶子,他们开心地笑着,笑声惊飞了树上的雀子,也吓坏了躲在草丛中的蚂蚱。

在园子的东南角有一棵李子树,萧红带兰哥去看。还没有走到树前,兰哥颇为自豪地说:"这树前年就死了。"

"你怎么知道?你又没来过这园子!"

"我前年来过的呀,我还带了个毛猴子给你呢,你忘了吗?你抱着那毛猴子就跑,跌倒了你还哭了哩!"

萧红一脸都是质疑,这是自己和祖父的园子,这是自己的地盘,别人怎么能来呢?谁允许他来的呀?她既妒忌,又气愤。

兰哥用手比画着,那猴子多可爱,萧红当时多么喜欢他送的礼物。萧红却怎么也想不起来有这样一件事情了。时间好比万花筒,装的东西太多,总会有一些无关紧要的,在记忆中被忽略。想到兰哥送过一个毛猴子给自己,可见对自己是很好的,于是小萧红就不再生兰哥的气了。

那些日子,他们形影不离。兰哥大萧红三岁,已经在学堂里念书。玩归玩,学习的事,也不懈怠。

月上柳梢头,屋子里静悄悄的,煤油灯的火苗轻轻摇曳,两个小脑袋趴在书桌上,灯光将他们的影子映在墙上,影子挨着影子。

兰哥将自己带来的几本书拿了出来,散发着油墨香味的书在孩子们的手中打开，书上有小人、有剪刀、有房子。

萧红看图识字，指着书上的字，无师自通地说："这念剪刀，这念房子。"

兰哥好为人师，急着纠正："不对，不对，这念剪，这念房。"

萧红便拿过书来一一细看，果然都是一个字，而不是两个字，自己是照着图念的，所以错了。

兰哥学习的时候，萧红在一边羡慕地守着，也把自己的宝贝拿出来给兰哥看，那是一盒方字块，这边是图，那边是字。两个人有了这新的玩具，整天以识字为乐，那方字块也似乎成了最好的玩具，比祖母屋子里的孔雀翎、座钟之类要好玩得多。

祖母离世了，祖父的屋子空寂着。孤灯，老影，白发，这是祖父的凄楚晚年。萧红不觉得，她觉得这样更好，平时跟着祖父在后园里玩，现在可以住在祖父的房间里，晚上也能和祖父在一起了。

她闹着要去和祖父住。

"好吧，那你就去陪祖父住吧。"母亲姜玉兰有孕在身，也无暇照看萧红，便应允了。

"祖父，给我讲个故事吧？"

"祖父，我们来玩游戏吧！"

萧红晚上睡不着，缠着祖父说这说那。祖父被她缠得无可奈何，又不会唱催眠曲，还是教这孩子念诗吧。

一首首的《千家诗》就成了祖父唱给小萧红的催眠曲。他心里多么高兴，中华古典文化是以这样的方式传承给孙女的。自己童年在私塾里学习的情景，也随着这些诗篇一起流溢出来。那些诗，不用看书，就清晰地诵了出来。

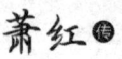

祖父念一句，她念一句，开始时，萧红小心地跟着祖父念，念着念着，便来了兴趣。

　　早晨念诗，晚上念诗，半夜醒了也是念诗。念一阵，念困了再睡去。

　　祖父说："少小离家老大回……"

　　萧红也说："少小离家老大回……"

　　萧红跟着祖父念这些诗，并不曾见这些字，似懂非懂地念，欢欢喜喜地念，一串一串地念，觉得这些诗像歌，念起来好听又顺口，心里着实欢喜，便忍不住喊了起来，爷爷那抑扬顿挫的声音被萧红奶声奶气又肆无忌惮的声音给盖住了。

　　一老一少两种声音，沧桑与稚嫩，沉稳与轻快，厚重与明亮……声音牵着声音，声音缠着声音，声音在高墙深院里，无止无息地响着，日子在声音里悄悄流逝着。

　　萧红越念越欢喜，反复地念这些诗，以不同的节奏，夸张、大喊的方式。

　　她特别喜欢这首"重重叠叠上瑶台，几度呼童扫不开。刚被太阳收拾去，又教明月送将来"。

　　　我一念起诗来，我家的五间房都可以听见，祖父怕我
　　喊坏了喉咙，常常警告着我说："房盖被你抬走了。"

　　萧红听祖父这样一说，略微笑了一会儿。院子里传来几声小鸟的轻啼。

　　鸟叫不是也很大声吗？刚才屋子里回响的念诗的声音不是也很好听吗？萧红心里想，还得再大点声，叫更多人听到才好。

　　不一会儿，她又大声喊了起来。夜里也是照样地喊。

母亲吓唬她,说再喊,就要打她。祖父也说:"没有你这样念诗的,你这不叫念诗,你这叫乱叫。"

但萧红却有自己对念诗的感受,她觉得这乱叫的习惯不能改,若不让她叫,念它干什么。每当祖父教她一首新诗,只要听诗的第一句觉得好,她便学,觉得不好,便要求换一个,反正,祖父肚子里的诗多着呢,总能遇到自己喜欢的。遇到喜欢的诗,萧红越念越觉得好听,越念越觉得有趣。

萧红学诗,进步飞快,祖父很有成就感。一旦有客人来了,祖父一边招呼客人,一边喊小孙女出来露两手。萧红奶声奶气地念自己喜欢的诗,发音并不准确,客人有时听得云里雾里,却也表示赞赏,点头说好。

萧红就这样瞎念,当小萧红跟着祖父念了几十首诗之后,祖父开讲了。

春天来了,鸟儿在柳树间欢鸣,"两个黄鹂鸣翠柳,一行白鹭上青天",引起萧红无限遐想。

秋日里,眼见着落叶纷飞,"无边落木萧萧下,不尽长江滚滚来",又会将萧红领入更阔大的氛围中感受她所未曾经历过的秋景。

讲到"少小离家老大回,乡音无改鬓毛衰",祖父说:"这是说,小时候离开了家到外边去,老了回来了。家乡的口音还没有改变,胡子可白了。"

萧红孩子气地问祖父:"为什么小的时候离家?离家到哪里去?"

祖父说:"好比我像你那么大离开家,现在老了回来了,谁还认识呢?小孩子见了就招呼着问:'你这个白胡子老头,是从哪里来的?'"

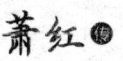

萧红一听,觉得不大好,赶快就问祖父:"我也要离家的吗?等我胡子白了回来,爷爷你也不认识我了吗?"

她的心里很恐惧,对时光流逝、离别重聚、故乡之音却有了模糊的理解。

祖父一听萧红这样问,就笑了:"等你老了,还有爷爷吗?"

祖父觉得这个话题有些沉重了,立刻转移话题,学习别的内容。

萧红在祖父的影响之下,被中国古典诗词浸染,内心丰润、饱满,心中对世间之物,人间之事,天地草木、鸟兽鱼虫都有了一种新的感受,多了一种关怀、一份爱心。

那是对天地、草木、鸟兽心怀爱心,对于人生的聚散离合的懵懂的知觉,曾经那大嚷大叫的习惯渐渐地也改了许多。

这一老一少,读诗,讲诗,议诗,从静夜到黎明,光线笼罩在老人和孩子身上,那是黎明的曙光,也是黄昏的霞光,有童年的快乐,也隐约透出岁月的沧桑。

祖父教萧红学诗,这些诗词将小萧红引领着,引向那深幽而神秘的文学殿堂。

行走在路上

父亲满头的发丝一定被我烧焦了吧!那时我是在他的手掌下倒了下来,等我爬起来时,我也没有哭。可是父亲从那时起他感到父亲的尊严是受了一大挫折,也从那时起每天想要恢复他的父权。

——《镀金的学说》

风起,叶落。墙根下,无数的叶子回旋着,像是在无奈地低吟浅唱着秋末那黯然伤魂的离歌。

院子北门旁那棵在寒风里号叫着的老榆树也瑟瑟发抖,枯黄的榆树叶子带着忧伤,落在萧红身上。

萧红哆嗦着跑进继母的屋子里。继母和她的关系并不融洽。

1917年时,祖母去世,母亲姜玉兰持家,1919年夏,住在河西的萧红的二姑老韩家因家中失火,无家可归,揩儿女投奔到张家。家中人口众多,母亲虽勤俭持家,但日夜操劳,一病不起,发病月余,遗下8岁的萧红和萧红的两个弟弟,于当年8月26日去世。萧红的父亲张廷举中年丧妻,工作与家庭不能兼顾,妻子姜玉兰去世过了百日,便续弦了。

萧红的继母梁秀兰,因为秀字与张家晚辈的秀字重复,张廷举替她改名梁亚兰。

《东昌张氏家谱》记载:"续配夫人梁氏亚兰亦名门之女,佐理家务俱有条理。"

梁亚兰大萧红13岁。婚前,梁父嘱咐女儿要善待前房留下来的三个孩子。婚后不久,张廷举把尚9个月的连富送给阿城福昌号屯的四弟张廷会,连富1岁左右,染上鼠疫,医治无效夭折。梁亚兰表面上处世周到,并无虐待萧红姐弟,但她常在丈夫面前告状,张廷举便会对两个孩子严加训斥。自生母去世,萧红姐弟因此与父亲的关系日益恶化。

梁亚兰至张家,又育有三男两女,待萧红姐弟,免不了厚此薄彼。

此时,15岁的萧红寒战着,搓搓发凉的手,脱下身上那单薄却衬托出少女婉约体态的新衣,将厚衣换上。

刚从邻居姐姐出嫁的筵席中回来的她,脑海里还想着林姐姐委屈又欲语还休的模样,萧红此时心里十分不快活。

她和继母说话的声音也像吵嚷一般:"妈,真的没有见过,婆家说新娘笨,也有人当面来羞辱新娘,说她站着的姿势不对,坐着的姿势不好看,林姐姐一声也不作,假若是我呀!哼……"

继母叹了口气,告诉她,身为女人,嫁作他人妇,三从四德是要讲的,女孩子既嫁到别人家,就得有些规矩。

这时,萧红的大伯父张廷蒉呼唤她的名字。这个伯父说话洪亮,有自己的一套理论,在家里很有发言权。

萧红记忆中,伯父见多识广。冬天,伯父穿着皮大氅,从外地回来到萧红家,萧红迎出去要榛子吃,伯父会拉着萧红,把她裹在大氅里,抱着小萧红进屋,他说:"等一等给你榛子。"

在萧红心里,伯父始终是爱自己的。

伯父会讲故事给她听,买小书给她看,等萧红大了,开始给她讲古文,还时常在别的孩子面前夸她聪明,惹得那些孩子非常嫉妒小萧红。

萧红对伯父的崇拜也非常明显,既爱又怕。

萧红听见伯父用低沉的声音喊她过去,她的心在胸膛里惊跳,不知道伯父叫她去有什么事情,但还是很听话地走出外房。

她来到伯父面前,没有了刚才在继母那里说话的神气,低着头,两手下垂,就连视线也不敢看向伯父。

"你在那里讲些什么话?很有趣哩!讲给我听听。"伯父说话的时候,他的眼里流动笑意。

萧红一看这情形,知道伯父没有生气,并且他很愿意听自己讲话。于是,萧红就高声地把自己去邻家姐姐的所见所闻又说了一遍。她绘声绘色地说着,还做出种种姿势来。说完了,她静等着伯父夸奖她口才好,学得像。

静,空气里一丝风的影子也没有,呼吸声似乎都停顿了。萧红看不到伯父的表情,只见他在桌子旁仍写他的文字,好像身边没有萧红似的,好像刚才说的话都只不过是做梦一般。

萧红站在那里,看伯父的背影纹丝不动,对她的话也没有回响,内心立刻感到压迫。

她想:我错在什么地方?话讲得很流利呀!讲话的语气也算是活泼呀!

伯父对她的态度非常淡漠,她感觉好像有一块朽木塞住她的咽喉,她想尽快躲开他,到别的房中去长出一口气。

伯父把笔放下了:"你不说假若是你吗?是你又怎么样?你比别人更糟糕,下回少说这一类话!小孩子学着夸大话,浅薄透了!假如是你,你比别人更糟糕,你想你总要比别人高一倍吗?再不要夸口,夸口是最可耻,最没出息。"

伯父的这一段话,说得很严厉,像锤子一样击打在萧红的心头,她眉飞色舞的表情消失殆尽,闷闷地走进母亲的房里,坐在炕沿弄着发辫,默不作声,脸部感到很烧。

这些年,她已经读了很多书了,人人都夸她学习好,她还很少被人这样严厉地批评过。

萧红还记得,1920年,自己9岁时,背起书包走进了呼兰县南关小学女生部的情景。彼时,她用的是张廼(nǎi)莹之名,名字出自《论语》"如玉之莹"。这是她五岁时,外祖父给她改的名。

1919年"五四运动"已经席卷全国,呼兰小城到处都是反对封建文化，提倡科学民主；反对封建礼教，提倡女权，兴办女学的呼声。张廷举顺应时代的呼声，积极推动兴办女学。1921年，张廷举升任呼兰第一初高两级小学校长，并被推举为县通俗出版社社长、义务教育委员会委员长，1922年又被推举为第三届教育会的评议员。

呼兰县里原有三所小学，一所回族小学，一所初级小学，一所初高两级小学。后两所小学于1920年春天首先创立了女生部，开始招收女生。

张廷举在孩子教育上比较开明，他认为，张家男女平等，谁能出人才，就供谁读书，女孩子有本事更要抬举，在张家不讲男尊女卑。

萧红就读初小，学校的全称是"呼兰县乙种农业学校"，校址在龙王庙内，俗称龙王庙小学，离家很近，百余步距离。

学校很简陋：十来间校舍、两个班的学生、五个先生。但学校环境很好。

学校分农业学生和高等小学学生。农业学生最大的也就十六七岁，高等小学里却有二十几岁的学生。

这些学生的身份也各不相同，有的已经在乡下教了好几年书了，有的已经做过两年的管账先生了，还有的已经有好几个孩子了。在这样混杂的学校里读书，各种差异对萧红来说，都算不得什么，六岁学诗，有《千家诗》做底子，在学校里，她的成绩始终是优异的。

萧红在初小读书，四年半后，1924年秋，萧红考入呼兰县北关初高两级小学。这所学校距萧红家有1.5千米，途经大泥坑，极为难行，常有车陷入、人掉入其中，有男孩子取笑萧红，让其绕道而行，萧红不服气，挽起裤腿，小心翼翼走过去，自此，男孩子们便再也不敢轻易地嘲笑她。

萧红喜爱上学，热爱读书，常寻父亲的书读，父亲是做教育工作的，家里藏书甚多，女儿喜欢看，便由她去读好了。

在安静温和的时光里，萧红依靠着家中绵软的抱枕，就着清风明月，将那些知识泡成一盏清茶，细细品尝。

1925年夏，父亲把她转入呼兰县第一女子初高两级小学校，插班上六年级。此学校起初叫南关劝学小学校，青砖灰瓦，木格子窗棂，镶嵌玻璃，分男校和女校，女校后来改为县立第一女子初高两级小学校。

她每天穿着阴丹士林布的蓝上衣、黑布裙子，着黑布鞋，一股清新的民国少女风迎面扑来。

"书山有路，学海无涯"，国语、历史、图画、作文、英文，每一堂课都是汩汩的清泉，滋养着萧红的心田。

萧红尤喜作文和绘画，也深得老师喜爱。

暮色时分，萧红放学回家，不再缠着祖父说这说那，她总是迫不及待地奔向书房，拿起自己心爱的书，坐在后窗的凉棚下读书。

微风拂面，日光尚温，云霞满天，捧书的少女在暮色中如诗如画。有时，她抬头望着满眼花花草草，飞舞的蜂蝶、小鸟，便支起画架，画眼中所见，心中所想。

"爷爷，我以后是要做画家的。"萧红举起才画好的《闹春图》，明媚的笑容挂在脸上。

"我要走过名山大川，江河湖泊，遇见喜欢的风景，就不走了，做一名流浪的画家。"长大以后她要做一个行走在路上的女子。

这看似不经意的憧憬之语，却也是此时她的心愿。她不想被困在这座落后的小县城,像一个平凡的女子一样相夫教子,从此虚度一生。

那远远的、模糊的愿望,在心中强烈地升腾着,这也成为一种强大的动力,使她倾注更多的心思与努力在她的学习中。

时局开始动荡,在时代的洪流中,人只是汪洋中的一只小舟。

"五卅惨案"的消息传到呼兰小城,呼兰的部分人民按捺不住心中的怒火,纷纷上街游行、抵制日货、募捐义演,表达着自己的爱国情怀。

学校里,学生运动如火如荼。年轻的、年长的,男生、女生,他们举着旗子,高呼口号,挥着拳头,走上街头,他们以游行、示威的方式声援远方的上海工人和学生的爱国斗争。

年轻的心是火热的,萧红也被同学们激愤的情绪感染着。十五岁的她在那年暑假的主要活动便是参加学校的募捐。

为了募捐,萧红和同学们进行了义演。穿着戏服站在舞台上的萧红,表演极为认真,虽无演技可言,但她在时装剧《傲霜枝》中出演的思想前卫、反对包办婚姻的姑娘却给人留下了很深的印象。

这次的社会活动,让萧红的眼界被打开,性格也得到解放,她剪掉了长辫子,不再遵从"三从四德"之类的家训,认为那些是保守、愚昧的,甚至还拉上几个同学上街"示威",引起路人奇异的目光。许多不堪的议论传到父亲耳中,父亲对女儿的举动很不满,但因群众反日情绪高涨,他又是县里先进人士的代表,所以,不好对女儿的行为加以阻拦,但父女之间的矛盾却日渐加深。

平时,萧红对父亲保持着一种距离。"每从他的身边经过,我就像自己的身上生了针刺一样;他斜视着你,他那高傲的眼光从鼻梁经过嘴角而后往下流着。"萧红在《永远的憧憬和追求》这篇文章中，写下了自己与父亲之间紧张的关系。

1926年6月，萧红进行毕业考试了，平素她的成绩在班级排在前列，但这次考试并未列为榜首，只由于张廷举此时已经是当地教育界的知名人物，他前来参加毕业典礼，校长便将萧红列为第一名，并作为毕业生代表上台发言，这使得她非常难堪。

她渴望脱离父亲的影响，独立自主，走属于自己的人生道路。

萧红等待着开学，更广阔的天地让她满怀期待。

"爸爸，我什么时候去哈尔滨上中学？快开学了。"萧红等了多日，不见父亲对她上学的事有个说法，便小心翼翼地前去询问。

父亲把脸沉了下来，他瞪一瞪眼睛，在地板上走了两圈，过半分钟给了萧红一个答话："上什么中学？上中学在家上吧！"

听了这话，萧红愣住了，她看着眼前这位冷漠的父亲，他在萧红的眼里变成一条没有一点热气的鱼类，或者别的不具有情感的动物。

这半年里，继母因为萧红在外面游行的事，没少说她。萧红也会据理力争，甚至跟她吵嘴。

父亲骂她："你懒死啦！不要脸的。"

当时萧红过于气愤了，感觉父亲说这样的话，像一台机器压榨着她，她实在受不住。

她问父亲："什么叫不要脸呢？谁不要脸！"

父亲听了这话，当时立刻像火山一样爆裂起来。他扬起手掌，毫不留情地挥向萧红。

父亲满头的发丝一定被我烧焦了吧！那时我是在他的

手掌下倒了下来，等我爬起来时，我也没有哭。可是父亲从那时起他感到父亲的尊严是受了一大挫折，也从那时起每天想要恢复他的父权。

父亲在萧红眼里，越发是利用父权来压制自己的，包括上学这件事。

她的学习成绩不错，家里的经济状况供她继续升学完全没有问题，但是父亲没有安排萧红继续读中学。

萧红越发不愿意和父亲交流，她要走出去，到更远的地方，离开这个使她窒息的家的念头更强烈了。

父亲每次从街上回来，都是黄昏时候。他一走到花园的地方便咳嗽几声，或是吐一口痰，父亲的那些举动，似乎在证实着他是一家之主的权威，使她的抵触心理越来越强烈。

日子一天一天过去，萧红不能去上学，便一天天睡在炕上。当初那行走在路上的梦，慢慢地渺茫了，萧红病了！

升上中学的同学给她写信，告诉她学校里有趣的事：她们打网球，学新的科目，接受新鲜事物……萧红读着读着，想上学的念头越发迫切了，那念头越是猛烈，心情越是糟糕。

老祖父拄着拐杖，仰着头，白色的胡子颤动着，他对儿子说："叫樱花上学去吧！给她拿火车费，叫她收拾收拾起身吧！小心病坏！"

父亲说："有病在家养病吧，上什么学，上学！"

亲戚朋友也来劝说，让张廷举把孩子送出去继续上学，张廷举话也不答，便走出院子。

从夏到秋，从秋到冬。日子寂苦地过着，萧红将自己闷起来，不思茶饭。

漫漫的人生旅途才刚刚启程，可是这崎岖的成长路，满目荒凉，似乎看不见尽头。

夜晚还是那样静谧，万物静默，月凉如水，她感觉自己更孤寂了。

除了祖父，没有人站在她的背后，甚至一向开明的伯父也极力反对萧红外出读书。萧红对于读书的执念已经那么深了，怎么能轻易地就连根拔起？

面对无动于衷的父亲，"我要去当修女"，萧红把这最后的炸雷抛向了父亲张廷举。

张廷举气得发抖了！女儿太执拗了，他对这个女儿着实有种无法控制的无力感。

这样僵持终究不是办法，张廷举静下心来想，哈尔滨那所学校是为富家女儿设立的，非常保守，既然到这样的地步，不如让她去那边读书，一定不会像小城里这样学坏。父亲最终放手了。

1927年，16岁的萧红考入了位于哈尔滨的东省特别区区立第一女子中学，她终于坐在了前往哈尔滨的车上奔向新的生活，成为一名中学寄宿生。

呼兰河的春水唱着欢乐的歌，向远方奔流。小城的影子越来越模糊，春风一吹，路边的野花摇曳生姿。车在起伏不平的路上颠簸，萧红的脸上绽开了久违的笑容。

第三章 来不及思考的投奔

生活的窘迫抽空了萧红心头的温暖。茫茫宇宙、浩浩人海，孤独一人，在黑夜里，只感觉到四面荆棘丛生，好像有张巨大的网，无限延伸，把自己罩在里面，挣也挣不开，遍体鳞伤。

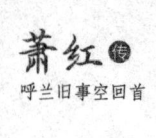

她只是微小的花

> 我是怎样的去羡慕那些临街的我所经过的楼房,对着每个窗子我起着愤恨。那里面一定是温暖和快乐,并且那里面一定设置着很好的温床。
>
> ——《过夜》

1931年的冬天,哈尔滨的夜是这般漫长。雪花肆虐,寒风呼啸,大地上,越来越厚的雪,让走在上面的脚步发出"嘎吱嘎吱"的响声。

穿着厚衣裳的行人过去了,那脚步是疾的、快的、热闹的。生病的人经过了,那脚步是迟钝的、缓慢的。还有一种脚步,是踟蹰的,是深一脚浅一脚地往前行。

脚步的主人走得那么忐忑,那么跌跌撞撞,她便是萧红。

萧红是从家乡逃到哈尔滨的,并且,从此,她开始了自己的流浪生活。

她"逃"到哈尔滨,是因为什么呢?说来话长。

1925年,萧红14岁时,父亲做主,给她定了一门亲事,将她许配给省防军第一路帮统汪廷兰的次子汪恩甲,萧红并不愿意接受父亲的包办婚姻,她渴望读书,渴望接触外面那精彩的世界。终究,父亲退让了一步,她得以去哈尔滨接受教育。在学校里萧红如饥似渴地学习。

1929年1月,家里给她和汪恩甲正式订婚了。汪恩甲家道殷实,他本人也长得仪表堂堂,毕业于阿城吉林省省立第三师范学校,曾在道外的教会三育小学任教。双方订婚不久,汪父去世,萧红以未过门的儿媳妇的身份跟随继母梁亚兰至哈尔滨顾乡屯汪家奔丧,为汪父戴"重孝",深受汪家及乡人好评。

起初,萧红对这门亲事也并未表示强烈反对,对汪恩甲态度平淡,但双方时常通信,不久汪恩甲去法政大学夜校上学,他还以未婚夫的身份,到学校找萧红,萧红亦为其织过毛衣。

因萧红已订婚,父亲待她亦不似从前严苛,继母待她也很客气,这段时期,萧红与家人的关系颇为和谐。

随着对汪恩甲了解的深入,萧红发现他抽鸦片,并且身上保留着一些腐朽的纨绔习气,后悔当初的订婚,与家人谈起此事,想退掉婚事,家人不支持萧红的决定。她内心苦恼,无人理解,更无人诉说,这段时间,她与表哥陆哲舜接触较多,陆哲舜就读三育中学,因家庭包办的婚姻,亦有妻室,对于萧红这种包办婚姻的苦恼,他能够理解并支持她进行反抗。他们经商量,陆哲舜先退学去了北平,至中国大学读书,萧红以求学为由,做好逃婚的打算。

同年6月7日(农历五月初一),她接到祖父病危的电报时,如五雷轰顶,迅速赶回呼兰家中。待她下了火车,转乘马车,向那熟悉的张家大院奔去,还未到门前,远远就见着高高挑起的白幡,苍凉悲壮的喇叭声让她心惊。回到家中,祖父已经去世,萧红的心因为祖父的去世,空得像生了洞,寒凉从那破了洞的心里来来回回地流动。祖父走了,在她心里,依附了近二十年的张家大院,再无温暖可言了。

呼兰河的家就只剩下父亲"从鼻梁经过嘴角而后往下流着"的"高傲的眼光",只剩下继母指桑骂槐的责骂。

回家奔完丧,她到哈尔滨继续读书。转眼19岁的萧红初中三年级毕业了。张家和汪家商量着,希望萧红和汪恩甲能尽快结婚。萧红则向家人表明自己的愿望:去北平读书。

家人强烈反对,为阻止萧红前往北平升学,张、汪两家决定,让她和汪恩甲完婚,并开始置办结婚用品。萧红无法说服父亲支持自己读书,她在家庭的催逼下,假装同意结婚,骗取了一笔嫁妆钱。

去北平之前,她剪了短发,穿着西装,去照相馆拍了照留念,并把照片送给好友徐淑娟,迈着轻快的步伐从家中逃走了,她逃出了那座熟悉的宅院,偷偷地南下,前往北平。

北平,有她熟悉的表兄陆振舜。

北平,有在这里读书学习的五湖四海的有志青年。

这座千年古城,接纳着所有奔向它怀抱的莘莘学子。

这年秋天,叶子还没有落,19岁的萧红踏在了这片土地上。

萧红投奔表兄,并顺理成章地与表兄陆振舜住在一个院子里。通过表兄找到关系,萧红能够继续上学。

这里有萧红在哈尔滨女中的校友,这里有在北平求学的同乡,这群年轻人接受着新的思想、更广泛的教育,他们谈着理想,说着希望,纵情欢笑,也为时代的动荡而悲歌。

值夜的人敲着梆子走过长街,年轻人的畅谈依然余兴未了。他们有着火热的心,有着对未来的憧憬,他们的生活起初过得既充实,又快乐。

萧红出逃求学与表兄在一起生活的消息,一传十,十传百,传到故乡,早已变了味,成了伤风败俗的事。

风言风语如狼烟四起，素来以严正治学的张廷举也受了影响，被调了职。萧红的弟弟们也都纷纷转出了呼兰县在异地求学。

汪家见未过门的儿媳妇声名狼藉，怎么还能接受这门亲事呢？他们也要求解除婚约。

张家发电报让萧红立即回家，并断了对萧红一切经济上的支持，甚至连衣裳也不再寄。而表兄陆家也断了陆振舜的生活费用。

毫无生活自理能力的两个人，除了不断卖掉自己曾拥有的生活用品、藏书，甚至连取暖的被子也送进了当铺。当再无东西可卖的时候，有朋友们送来援助，这些只是杯水车薪，根本解决不了什么实际问题。

第一次出逃，自由与快乐那么短暂，而寒冷、困苦、饥饿却那么实实在在，生活难以为继，衣食都不能解决的时候，她又怎么能继续完成学业呢？

面对现实沉重的十字架，虔诚祈祷一点用也没有，呼兰河的土地依然冷得四处都是裂口，呼兰河的阴影却一直延伸到北平，将她笼罩。

她只是微小的花，任凭如何挣扎，也无法走出那片阴影，更无阳光照耀。

北平的十月秋风肆虐，枯叶像掉了魂似的在地上盘旋，别人穿着厚衣取暖，萧红却依然穿着快要变得透明的单衣行走在路上。

寒冷刺骨，饥寒交迫的身体再也抵挡不了寒风的威胁，即便一万个不情愿，萧红还是向现实低下了头，拖着疲惫的身躯回到了故乡。

1931年1月，萧红回乡。此举无异于一石激起千层浪，看

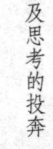

笑话的，唾弃的，猎奇的都来了，张家大院的墙再结实也抵挡不住如洪水般滚滚袭来的流言。

张家解除与汪家的婚约离开小城，搬回到阿城福昌号张家的本家，萧红被"软禁"起来，那里的亲戚们也阻止年龄相仿的女孩同萧红接触，生怕她被影响、教唆，走到"坏路"上去。

生活在如囚笼的乡下，萧红每天如同行尸走肉。她依然坚持要去上学，这话传到当年她曾崇拜过的，给她带榛子吃的大伯父张廷蕙耳朵里，他怒气冲天，满院子找萧红，要好好地修理一下她"那被世风带坏了的脑袋"。萧红吓得只能躲到二伯母的屋子里，一天到晚都不敢出屋。

这个家，也只有二伯母通情达理，疼惜这个缺疼少爱的女子。有了二伯母的陪伴，萧红的女工也大有长进。

长夜难眠，死气沉沉的日子过了过不到头地过着，萧红目睹身边那些长工、佃户辛苦生活，依然不断被剥削，心中为这些穷苦百姓忧心忡忡。

叔伯们聚在堂屋大声讨论如何增加佃户的地租，削减长工的工资，萧红勇敢地站在长辈们面前，耐心地劝说长辈们不要克扣长工们的工资，不要增加农民的田税……

养尊处优的叔伯们，面对侵犯自己利益、为底层人说话的萧红，个个都怒不可遏。

他们要把张家的"叛逆"好好教训教训，他们实在不能容忍萧红这样公开向他们发起呼吁，为佃户说话。他们大声吆喝着，把萧红关了起来，并拍电报让萧红的父亲张廷举速回，"修理修理"这个大逆不道的女儿。

呼兰河水呜咽着，月光照水，波澜起伏，萧红眉头心上，怎一个"愁"字了得。愁并不能解决什么问题，孤单的萧红，看着身边这些叔伯势利的嘴脸，想着白天那一双双凶恶的眼睛，她的心再一次扬起了远行的帆。

蔑视、打击、唾弃，一桩桩，一件件，在萧红的心头风起云涌，饱食终日的生活如果一定要加上另一个条件——精神摧残，那么，不自由，毋宁死。

北平的"苦日子"犹在心头，与被囚禁相比，那日子却像一枚甜果，诱人沉迷进去，不愿醒来，她决定逃离这个"囚笼"。

父亲张廷举回来的前几日，一个月黑风高的夜晚，萧红在一位好心的姑姑的帮助下，逃出被困守的屋子，这一次，她决绝地离开，再无半点对家的留恋。

哈尔滨的冬天是极冷的，严冬封锁大地，从南到北，从东到西，大地裂满了口子。

鲁迅先生在《娜拉出走之后》这样写道：

"然而娜拉既然醒了，是很不容易回到梦境的，因此只得走；可是走了以后，有时却也免不掉堕落或回来。"

可是，萧红出走，她除了觉醒的心以外，什么也没有。萧红流浪在外的日子，找工作是必不可少的，她时常碰壁，也曾做过短期小工，而这些，依然不能让萧红的日子过得好些。

当她再一次出现在哈尔滨的大街上，她穿着破洞的鞋子，身着破旧的衣裳在寒风中瑟瑟发抖，她决定去拍姨母家的门，希望有一个暖和的地方可以安身。

那夜寒风逼着她，萧红被冻得眼泪差不多和哭着一般流着，她狠狠地用手套抹着、揩着，终于到了姨母家了。

她敲打姨母家的门的时候，手套几乎结了冰，在门扇上起着小小的黏结。

萧红一面敲打着门一面叫着："姨母！姨母……"

除了狗在院子里面叫了几声,姨母家的人好像全都睡着了。无论萧红怎么拍门,那屋子里都没有一点声音,灯也始终黑着,似乎外面来的是个讨债鬼。

黑沉沉的天,这冷硬的地,那清脆的拍门声使夜显得更加寂寞,也让这拍门声更加响亮,但是萧红吃了闭门羹,她只能离开,像一个被遗弃的孤魂。

我是怎样的去羡慕那些临街的我所经过的楼房,对着每个窗子我起着愤恨。那里面一定是温暖和快乐,并且那里面一定设置着很好的温床。

地上吱吱作响的积雪散发着刺骨的凉意,透过那双有破洞的单鞋,裹住了双脚。凛冽的寒风吹着她单薄的身体,每一扇窗户都让她愤恨,其实更多的是羡慕。那路过的屋子里有温暖的火炉,有美味的食物,有浓浓的亲情,只有她没有过夜的地方了,只能流浪在哈尔滨冬夜的街头。

萧红望着临街她所经过的楼房,心底涌起的不仅是愤恨悲哀,还有无奈,那里面有她需要的温床,哪怕只有马房和狗窝也好!狗睡觉的地方,那一定有茅草,坐在茅草上面也可以使她的脚暖和。

萧红的眼睫毛也似乎被冻住了,积雪随着风在她的腿部扫打,她经过平日认为可怜的下等妓馆的门前时,觉得妓馆里的那些女人也比自己幸福。

她在街上疾步走着,慌张地走着,背脊弓起,因为冷,缩得像大虾。

"小姐!坐车吧!"经过繁华一点的街道,洋车夫们向她招呼着,她只能迅速躲开。

她又去找曾经读书时的熟人,希望能够有人留她住一宿。她满怀期待地按着电铃,可是电铃不响,门扇露着一条缝,她用手一推,门就开了。萧红走进去,四周一点声音也没有,大概人们都睡了。萧红停在外间的玻璃门外,呼喊那熟人的名字,除了寂静,始终没有人回答,她仔细一看,玻璃门用铁丝绞着,街上的灯光照进屋内,空荡荡的,这家主人已经离开,她无奈地又回到大街上。

她被一位年老色衰的妓女收留。当她醒来,看着睡在她旁边的陌生人,那鼾声让她厌恶,她内心并不存一点感激,甚至憎恶这个收留她的人。虽然在深夜里,这个老妓女把她从马路上招引到她的家里,给了她一个住处,

这个来历不明,看起来像人贩子似的老婆子,粗俗的程度让人难以忍受。萧红只在这里住了两天,就被老女人扒走了一件单衣,拿走了一双套鞋作为酬劳。

虽然流浪很苦,青春很糟糕,贫穷、背叛、苦痛、忧郁蜂拥而至,但萧红那一颗坚强的心在不屈地跳动。

每一幅痛苦的画面都刻进了萧红的记忆里,多年以后,回眸过往岁月,那痛苦的经历,那寒冷街头的流浪竟也有金黄的色彩,仿佛冰雪中一朵微小的花,迎着寒风开放着。

青杏滋味浓

去年的五月,正是我在北平吃青杏的时节,今年的五

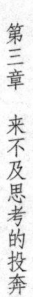

月，我生活的痛苦，真是有如青杏般的滋味！

——《偶然想起》

漫天雪花，鸟雀难觅。豪贵人家，红泥火炉。萧红曾经也是如此生活，不受风寒，没有困苦，手脚不皴不冻。

萧红流浪在哈尔滨的日子，饔飧不继，非常难挨，曾经追求自由独立的梦想越来越渺茫。

1931年11月，黑龙江齐齐哈尔嫩江桥地区，爆发了震惊中外的"江桥抗战"。以马占山为首的爱国将士奋不顾身，英勇作战，有效抗击了日本侵略者。

流浪的疲惫，日本入侵黑龙江的动荡时局，求职无望，萧红此时极度迷惘，她不愿再回小城的家中，可是她必须想办法生存下去。在她极度绝望的情形下，想到对自己一直念念不忘的汪恩甲，萧红只好去求助于他。虽然自己并不喜欢他，但汪恩甲一直对自己怀有爱意。

汪恩甲表示，只要能在一起，他会提供萧红去北平读书的学费和生活费。

"可以安心去读书"让硬挺了许久的萧红再也无法忽视汪恩甲的爱意，她投入他的怀抱。

萧红在北平的事在家乡早已传得沸沸扬扬，汪家对她非常不满，汪恩甲不能带她回家，他们住进了位于松花江边哈尔滨道外十六道街的东兴顺旅馆。

旅馆里人来人往，老板热情地跟在这对年轻的男女身边忙碌打理。

温暖的房间，松软的床铺，雕花的大床，明亮的台灯，无一不让在困厄中苦撑已久的萧红感受到金钱带来的舒适。

从地狱到天堂，不过是一步之遥，只一个华丽转身，萧红的破衣烂衫便被华服取代。

汪恩甲早先辞了职，在哈尔滨读书。白天他去读书，傍晚回来，两个人会牵手在街市上散步，天气好的时候，他们会去公园草地上闲坐。

"我什么时候能去北平上学？"萧红在枕畔一次又一次地问他。

"还得等一段时间，不着急。"他慵懒地拥着她，对萧红去北平读书的事，只字不再提起。

居家做饭，等归人，这是萧红的日常生活，但却不是她想要的生活。

时光荏苒，汪恩甲的一再拖延，让萧红明显地感觉到，指望这个男人让自己去北平读书毫无希望。

萧红自作主张，拍了电报给在北平的好友李洁吾，在电报中告诉他，自己将去北平。

1932年年初，李洁吾根据电报上的时间去车站接车，但并没有接到萧红，他便去了萧红曾经和陆振舜在北平居住的旧院子。

此时的萧红，穿着貂绒领、蓝绿华达呢面、狸子皮里的皮大衣，她看见李洁吾，笑语盈盈。

曾经落魄的萧红不见了，眼前贵族小姐打扮的萧红，使李洁吾感到诧异。他好奇地问及萧红回乡之后的情况，萧红避而不答。

萧红向李洁吾说明此次来北平之意，但李洁吾并没有能力为她办理入学相关手续，萧红只好在这里静待时机。

旧友相聚，共同语言很多。他们谈当前环境，谈学校生活，谈未来打算……萧红居住的屋子里时常充满欢声笑语。

这天,门外响起了敲门声,李洁吾开门一看,是位陌生的男人。

这个男人看到李洁吾,愣了一下,接着,他看见萧红迎出来,眼睛里流露出诧异的神色。

"你怎么来了?"萧红惊讶地问这刚进门的男人,又转头告诉李洁吾,是一位旧日的朋友来访。

李洁吾见萧红有客来访,主动告辞。

萧红看着汪恩甲满面憔悴,心事重重的模样,有些不悦,也有些心疼,但依然坚决地告诉汪恩甲自己要在这里读书。

"和我回哈尔滨吧,这里毕竟不是久居之地。我们回去结婚,好好过日子……"

汪恩甲一改刚进门时戒备防范的神情,言语间透露出款款深情,甚至不计较萧红的不辞而别。萧红面对汪恩甲的央求,心里充满矛盾。

读书没有着落,男友追来,自己是去是留?

上天似乎对她的犹豫给了明确的选择。没多久,萧红发现自己怀孕了。这不合时宜的孩子,使萧红心灰意冷,这书是读不下去了。萧红随着汪恩甲回到哈尔滨,此时战火弥漫,时局混乱,没有去处的萧红只能跟着汪恩甲继续住在东兴顺旅馆。

汪恩甲白天去哈尔滨工业大学校上学,萧红也认命地安居在家,读读书,有时也写写文章。汪恩甲本身就吸大烟,在他的影响下,萧红也吸上了鸦片烟,她沉迷在鸦片的烟雾中,忘记了自己的理想和追求。

自祖父病故,萧红求学生涯一路艰辛,她想起自己的生活一直动荡不安，现在，自己像一只被豢养的鸟，即使再不愿意，前面的路似乎也走到了绝境，只能由别人带着走了。

她认命地放弃那份倔强，打算安心地做汪恩甲的未婚妻。

窗外的炮火和枪声时不时地惊扰这对看上去颇为恩爱的恋人，他们彼此相偎，相互取暖。

萧红独自一人的时候，常常望着窗外，看着满天红霞，内心无比宁静。桌上铺开的纸向她招手，那泉水一般的思绪，便顺着笔端流淌出来。

"晚来偏无事，坐看天边红，红照伊人处。我思伊人心，有如天边红。"

有书为伴，有文可写，有孕在身，那些曾经快乐的生活，那些远方的朋友，都成了她寂寞时内心的陪伴，过往种种，如过电影般回放脑海。

一天清早，汪恩甲一如既往地对着镜子整理仪容，他将一缕垂在额头的发丝小心地拢到头顶。穿着宽大孕服的萧红立在他身边，从镜子里看着与自己朝夕相伴的男人，她皱着眉告诉汪恩甲："旅馆的老板又在催房钱了，什么时候给还上？"

汪恩甲头也不回，望着镜子里的萧红说："我今天就回去筹钱，再把我们的亲事和家里说说，你在这里等我回来。"

没有告别，没有征兆，萧红看着他的身影从门口消失，期盼他带着好消息归来。

萧红怀孕的身子越来越笨拙，耐心地等着汪恩甲带钱回来，她天真地想，也许他晚上就回来了，手里抓着一把洋钱，把玩得"叮当"作响。

她甚至幻想着他骑着高头大马回来，豪迈地结清这里欠下的债务，再多甩几块大洋给老板作小费。他会给自己备上喜气

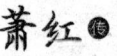

的马车，载着自己回到家乡。

曾经百般不愿，可现在萧红已接受汪恩甲迎娶自己回汪家。

有了孩子，有了家，从此过着普普通通却也相亲相爱的生活吧，出逃这么久，最后还是要回去的。萧红想着，苦笑了一下，摸摸肚子，开始考虑未来的生活。

天渐渐黑了，晚霞也隐去了绮丽的色彩。一天又一天，等待是漫长的，起初萧红充满期冀地等着汪恩甲回来，只要听见外面有声响，萧红便会开门向门外张望。

老板也会问："这些日子，怎么不见你家先生？"

"他回去筹钱，等他回来，欠下的钱都会还给你。"

没有钱买饭，找老板借："等他回来，都会还给你！"

可这一句话说得多了，老板便不那么相信了。

而那个离去的人，一周过去，一个月过去，依然杳无音信。

他在哪里？他出了什么事情？

萧红一次又一次在心底追问，她无数次朝窗口张望，在门前徘徊，期盼他会像当初那样出现在自己面前。

萧红的肚子越来越大，老板的脸色越来越难看："你们怕是联手骗我的，没有钱，你给我搬出去，这间屋子不是你这样的人可以住得起的。"

萧红被赶到了破旧的四处漏风的储藏间。

"别让她跑了，什么时候把钱还了，再把她放出去，如果不还钱，把她卖到妓院去抵债。"老板背着萧红对管家说。

那惴惴不安的日思夜盼、望夫归来的心，越来越苍凉了。安定的生活经不起变幻无常，一弯残月苍白地吊在西方，黑沉沉的世界哪里还有光明？

萧红在监牢般的破屋子里，望着无边无际的天空，那狭小的窗口外,是自由,是热闹,萧红则被软禁在破旧逼仄的储藏室中,孤独无助。

生活的窘迫抽空了萧红心头的温暖,茫茫宇宙、浩浩人海,孤独一人。

她在黑夜里,只感觉到四面荆棘丛生,好像有张巨大的网,无限延伸,把自己罩在里面,挣也挣不开,遍体鳞伤。

萧红伸出那双苍白消瘦的手,她想要抓破这压抑着她的房顶,抓住这欺凌着她的空气。头顶是空虚的,周围是暗无天日的,她的挣扎是无力的。

心头的苦莲花夜夜绽放,只有窗口的白月光依旧静静地将她笼罩着。

她在黑暗中瑟缩,明明是没有风的夏夜,她却感觉到刺骨的寒冷。侧耳倾听,隐约中有松花江怒吼的声音传来。江水卷起浪花,拍打着两岸,浑浊的松花江水已经不再清澈了,在多雨的夏日裹挟着泥沙肆意奔腾。

"我要像这江水一般向东流去吗……"

"我怎么办?没有家,没有朋友,能去哪里?"

萧红无意间得知旅店老板打算把她卖到妓院,她震惊之外,惶恐不安,捧着旧日常读的书本,默默地掉下眼泪。

好梦醒,空余恨,太美的东西总是不真实。

不久,哈尔滨遭遇炮火,义勇军展开保卫战,最终哈尔滨还是沦陷了。

在炮火纷飞中,萧红一个人困守旅馆,孤灯下,她的伤感,她的回忆,一点一点涌上心来,萧红铺开纸,将自己的思绪付诸笔端:

去年的五月，正是我在北平吃青杏的时节，今年的五月，我生活的痛苦，真是有如青杏般的滋味！

曾经在学校里意气风发的萧红，再也听不到同学们的欢声笑语，再也不能捧着书在校园里翩然而过，她独自一人，面对一盏孤灯，让寂寞疯长。

外面的热闹是别人的热闹，萧红只能在这间小小的储藏室，数着脚步，望着窗外的世界发呆。她的心绪却是关不上的，寂寞得使人发慌的日子，她沉入书中，试图忘记苦难的现实。

小小的窗外，又开始落日融融，晚霞满天了，天黑了，夜又来了……

庞大的肚子已快塞不进旧旗袍，脚也肿，腿也麻，脸上斑也越发多了，梦碎无人知，那满脸煞气的旅店老板依然咄咄逼人，不依不饶。

萧红当年读书时，用"悄吟"为笔名在校刊上发表作品，那时她青春逼人，眼睛灵动，热血沸腾，如今却憔悴不堪，挺着肚子，破衣烂衫，这生活的痛苦，真如这青杏般的滋味。

遇人不淑，已成定局，萧红意识到自己已成弃妇，与其多情空余恨，不如自救！

爱情萌发的火苗

那边清溪唱着,这边树叶绿了,姑娘啊！春天到了……
只有爱的踟蹰美丽,三郎,我并不是残忍,只喜欢看你立起来又坐下,坐下又立起,这其间,正有说不出的风月……

——《春曲》

爱情常常始于颜值,陷于才华,忠于人品,醉于深情。萧红与萧军的第一次见面,谈不上始于颜值。她被禁足在东兴顺旅馆,只能凭着《国际协报》了解外面的世界,为了自救,她给《国际协报》写了一首小诗,并在诗尾作者悄吟后备注"被困在旅店的流亡学生"。

报社里人来人往,大家各自忙碌,有人在谈论新近收到的一位作者的小诗,写得极是有味道。这首诗也传到萧军的耳朵里,在他看来,那不过就是一首清新的小诗,带着女子的哀怨忧愁,寻个机会,给发表了就是了。

战火正在弥漫,报社里事情很多,四处都是需要报道的消息,每天编辑部收到的稿子多得满天飞,谁又能在意这样一首小小的诗呢?谁又能感受到这短笺后面是一个困顿女子的挣扎呢?每个人都像陀螺在各自的轨道上旋转着。

萧红在焦灼地等待着各种消息。此前,她不停地寻求获救的方法,写稿投稿,给远方的朋友写求救信……

等待中的她,透过窗口看见春光里那一方明净的蓝天,心里是有梦的。可是,回应她的只有朝不保夕的生活。她承受着足以穿透墙壁的白眼,等来的只是无尽的失望。待产的日子也越来越近了,萧红继续向报社发出呼救:"难道这世上还有卖人的吗?有!我就将被卖掉!编辑先生……"

1932年7月10日,文艺副刊的主编裴馨园端坐在办公桌前,四下静悄悄的,他拆开桌上厚厚的读者来信,一封一封地读着。

萧红的求救信像惊雷一样在他眼前炸开了。

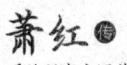

这个时代还有卖人的？一个孤苦女子遭逢不幸，若非万般无奈怎么会写信到报社求救？裴主编拍案而起，随即把信让编辑部里的同事传看，大家都十分关心。裴馨园十分坚决地说："我们要管，我们要帮助她！"大家决定次日去东兴顺旅馆了解情况。

次日，裴馨园招呼正在帮他整理稿件的萧军同去采访萧红，萧军正忙，拒绝前往，裴馨园拿起外套，招呼自己的助理孟希等人离开报社，按信上的地址前往探看。

旅馆里的人冷漠地看着这一行来人，并不搭话，老裴出示了记者证，询问茶房，是否有一位怀有身孕的女子生活在这里。

"二楼最南头那间……"茶房谨慎地看着来人，抬手指了指。

踏着"嘎吱"作响的楼梯，经过昏暗的过道，他们小心翼翼地来到萧红住的那间房门前，轻轻敲门。

门内的脚步声响着，门"吱呀"一声开了，门后露出面容憔悴、嘴唇干裂的萧红。

得知这一行人的来意，萧红敞开了门，她身体臃肿，双眼空洞。昏暗的光线从窄窗探头探脑。进入房门的裴主编打量着这间简陋寒酸的小屋：床上破旧的被褥，地上和桌上飘着凌乱的纸张，旧柳条箱孤零零地摆在床边……眼前的孕妇穿着一件洗得发白的蓝色旗袍，赤脚趿拉着一双不合脚的旧鞋，手足无措地看着大家。

"你的来信，我们收到了，特地来看一看你，请你放心。"裴馨园诚恳地安慰萧红。

"谢谢您，真没想到能见到你们，实在太感谢了。"萧红匆忙地端起茶杯，拿起水瓶，想要倒茶给来客，可是杯子是残破的，水瓶也是空的。她晃了晃神，神情有些迷茫。

眼前这位女子神情游离，状况糟糕，裴主编细心地询问她目前的情况,又安慰她,说报社一定会想办法救她,便告辞了。

他们依然不放心,找到老板,亮出《国际协报》记者的身份,警告他不要虐待楼上的那位女子,要好好照顾她。

"她的费用,我们会想办法解决的。"裴主编说完这些,带着众人离开了。

萧红在屋子里走来走去,她好不容易从裴主编的探访中缓过神来,手里捏着来人留下的电话号码,看了又看,仿佛这张纸一不留神就会像幻觉一样消失。

展开,仔细看,捂在心口,又不放心地拿到眼睛底下,对着那线灰暗的光看。泪水像蜿蜒的溪水,顺着萧红的眼角流下。

有救了,真的有救了吗?她一遍又一遍回忆刚才的情景,一遍又一遍地温习刚才他们的只言片语。

她走到窗前,双手费力地推开那窄小的木窗,微风带着阳光的气息,扑涌进来。萧红闭上眼,让阳光照在脸上,映在身上,她感受到了一种生的气息,感受到了希望之光。

路上的那一行人依然疾步走着,大家边走边谈论今天的所见所闻。

"我们可以集资救她出来。"

"可是,欠下这么多钱,我们所有的钱加起来也不够呀?"

"我们可以发动群众的力量……"

再多的讨论也抵不上现实,几百元的欠款,不是小数目。

大家无计可施,虽然有一腔热血,却也无法解决资金问题。旅馆老板也越发催得紧了。付钱,付钱,付钱,他不停地向萧红施加压力。

救命的电话号码让萧红看到一线希望,她万般无奈,拨通裴主编留下的电话号码。裴主编因公事忙碌,便写了一封安慰信,

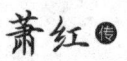

安排萧军带上信和一些书给萧红，让她少安毋躁。

萧军幼时丧母，十八岁当兵，在部队便开始写作品。他是一位带有军人气质的男子，做事风风火火，对生活并不善于精打细算，日子过得常常入不敷出。

听说送信给萧红，他想到了这位女作者曾写的那首"如青杏般滋味"的诗来。萧军心里赞美她的才华，也同情她的遭遇。

如寻常探访作者那般，萧军敲开萧红的门。

面容憔悴，头发干枯而凌乱，面色泛青，嘴唇开裂的萧红落在萧军眼里。她行走迟缓，一手扶腰，一手放在突起的肚子上，看向萧军的眼睛里却流动着光。

尽管形象如此狼狈，但萧红似乎并不曾察觉，她兴奋地从萧军手里接过信，细弱的手指颤抖着，这一定是北平的朋友写来的信，是来告诉她赎她的资金筹备齐全的消息的。

门依然开着，萧军立在屋内四下打量。萧红倚着门，急切地展开信，仔细读着，脸上喜悦的表情渐渐冷却了。

这只不过是一封安慰信，一切都得不到妥当地解决。这位陌生的男子，是不是还带了别的给她？

她热切地望着萧军。

屋子狭小闷热，两个人无言以对，萧军欲言又止，不知道说些什么来安慰眼前这位女子。他顿了一下，便要告辞。

萧红依然倚着门，好像在等着他说什么，明知没什么好说的。萧红缓缓抬起头，请他坐一坐。

萧军刚迈出的脚步又退回书桌前，他翻着书桌上凌乱的纸张。萧红的画与她写的诗落在萧军眼里，那些画非常生动，充满生机。他读着桌上凌乱摆放的诗作，再一次认真地看着眼前这位脸上长着妊娠斑，眼睛下有浓重青影的女子，她看上去鬼气森森，眼睛却又非常明亮，像要看到人心里去。

《红楼梦》一书中，宝黛初见时，黛玉一见宝玉，便大吃一惊，心下想道："好生奇怪，倒像在哪里见过一般，何等眼熟到如此！"宝玉看罢，笑道："这个妹妹我见过的。"

贾母笑道："可又是胡说，你又何曾见过她？"宝玉笑道："虽然未曾见过她，然我看着面善，心里就算是旧相识，今日只作远别重逢，亦未为不可。"

年轻的萧军与萧红初见，也有似曾相识的感觉。萧红明亮的眼睛，让萧军突然觉得这位女子如此美丽，是他一生中见过的最美丽的女子。

他们热切地聊起了文学。得知来者是萧军，萧红由衷地赞美他写的一篇《孤雏》。桌子边，两个年轻人对坐着，目光对视，眼睛灿若星辰，仿佛要看透到那深深的心底里去。

萧红再一次认真打量着眼前的男子，破旧的衣裳，打着补丁的裤子，破洞的皮鞋，他和自己一样贫寒，却同样有着一颗火热的心。

时间一分一秒地过去，他们聊着作品，谈着生活，诉说自己坎坷的经历。

两人的惺惺相惜从文学开始了，久逢知己，枯叶逢春，爱情的火苗悄然在两个人的心底升起，变成熊熊燃烧的火焰。

苍白的萧红，怀有身孕的萧红，脸上长斑的萧红，在萧军看来，周身都闪烁光芒，那光芒来自她晶莹的眸子，来自她谈吐间的智慧，来自她苦难的经历。

"那时我却只觉到这世界上只有你是美丽的！——这样的话也写给过我曾爱过的一位少女——不知是什么缘故，我只要俯到你的怀中去哭！哭！哭个够！"

性情爽直的萧军向她表白。

眼前的男人，虽然初识，却感觉如此熟悉，让萧红打破一切防线，向他倾诉自己的过往种种，也听这位男子诉说他的传奇人生。

两人一见倾心，相见恨晚，忘记了时间，忘记了目前的处境，忘记了老板那无休止地讨债，忘记了消失得无影无踪的汪恩甲，他们彼此眼里便只剩下对方。

月亮西沉，余兴未了，松花江的水似乎也脉脉含情，无声无息地奔涌着，轻诉着。

他们从天亮聊到了天黑，临走前，萧军给萧红留下了五毛钱，那是萧军仅有的车钱，那天夜里，萧军不得不步行10里路回家。

日子开始变得甜蜜起来，萧红笔下的春天也变得婉约起来：

> 那边清溪唱着，这边树叶绿了，姑娘啊！春天到了……
> 只有爱的踟蹰美丽，三郎，我并不是残忍，只喜欢看你立起来又坐下，坐下又立起，这其间，正有说不出的风月……

这是萧红的春天，也是萧军的春天，这是爱情的春天，这是于苦难之中最美的遇见。

之后的日子，萧军只有要空，便会来看萧红，萧红笔下的《春曲》如此直抒胸臆，"当他爱我的时候，我没有一点力量，连眼睛都张不开，我问他这是为了什么？他说爱惯就好了，啊！可珍贵的初恋之心。"

萧军将这些诗展示给朋友阅读，更多人同情萧红的经历，并欣赏她的才华。不少文学新人也前往旅馆看望她。其中有一位萧军的密友叫方艾兴，担任《东三省商报》副刊《原野》的编辑。他看到萧红的诗之后,非常欣赏她的才华,在《东三省商报》的《原野》副刊上发表了一期萧红、萧军诗歌专号,纪念他们的相爱。

萧红的诗中大胆火热的爱情独白,是她当时生活艰难却沉浸在对情人真挚的热恋之中的真实写照,对萧红来说,人生虽有灰暗,困局还在,心里却不再慌张。有了爱的陪伴,生命便有了光,前方便有了路。

一只舟渡了半生

> 公园也被水淹没了,实在无处可去,左右的街巷也被水淹没了,他们两颗相爱的心也像有水在追赶着似的。一天比一天接近感到拥挤了。两颗心膨胀着,也正和松花江一样,想寻个决堤的出口冲出去。这不是想只是需要。
>
> ——《弃儿》

黑云翻墨,白雨跳珠,雨急水涨,云迷楼低。1932年六七月份,连续降雨,萧红困守在旅馆,她望着窗外的大雨发呆。旅馆老板恶声恶语地催债,萧红无钱可付,只能任凭对方数落。8月5日,嫩江、第二松花江、拉林河的三路洪水汇聚冲撞,哈尔滨江段江堤决口,随后几日,江堤多处被冲毁,街亦如河道,水势不断上升,道里、道外一片汪洋,无数房屋倒塌,到处都是灾民们的身影,随处可听见灾民们的哀号。

水如远天，无边无际地漂漾，日光在水面上浮动，城市的天空非常阴暗。

萧红住的东兴旅馆，地势低洼，被大水浸泡其中，交通阻断，人人自危。萧红困在旅馆里，已是孕晚期，她的肚子简直如小盆扣在上面，虽是长衫宽大，"小盆"还是分明地显露着。

有人"嗒嗒"地拍打着门。进来的是店主，他此时依然没有忘记催着要债："你倒是怎么样呢？才几个钟头水就涨得这样高，你看不见？一定得有条办法，太不成事了，七个月了，共欠了四百块钱。汪先生是不能回来的。男人不在，当然要向女人算账……现在一定不能再没有办法了。"

店主一边说着，一边正一正帽头，抖一抖衣袖，眼眉往高处抬了抬。

萧红挺着她的肚子，脸上同样没有表情，嘴唇动了动："明天就有办法。"

店主明知她拿不出一个铜板，只能恶狠狠地瞪着她，又无可奈何地迈着八字步走出屋门。

萧红无声地伏在床上，她难过于自己的肚子这样的碍事，行动也不自由，她又望着棚顶，上面有马路间小河流水反照在棚顶不停地乱摇的水影。

不时有嘈杂的声音冲进她的耳中。

"哎呀，我的包袱落水啦！"

"停一下，我的孩子掉下阴沟啦！"

声音从外面连续、不断地响着，萧红心里空空的。

"我怎么办呢？没有家，没有朋友，我走向哪里去呢？只有一个新认识的人，他也是没有家呵！外面的水又这样大，那个狗东西又来要房费，我没有……"

她的思绪像外面那大水似的，不可抑制地想："初来这里还是飞着雪的时候，现在是落雨的时候了。刚来这里肚子是平平的，现在却变得这样了……"

萧红又趴在窗口向外望去。

行人眼里，一个女人探出一张脸，眼睛如块黑炭，暗淡、无光，嘴张着，胳膊横在窗沿上，没有目的地望着。

街上，到处都是水，大人、小孩和包裹，坐着小船朝同一个方向驶去，一个接着一个……

天黑的时候，旅店老板眼看旅店里的水越漫越高，急忙地收拾细软，提着大箱子，向安全的地带转移，那些在楼上的住客，也都忙着转移。东兴顺旅馆的走廊里到处是呼喊声、脚步声、撞击声，不久，这里几乎成了空楼。

满街的船来回穿梭，木箱、木盆上也坐着逃难的人。

萧红收拾好贴身用品，继续向窗口张望，她的目光在水面上来回搜索，寻找萧军的身影。

被困旅馆，差点被卖，没想到这一场水患，却成了逃离的最好时机，萧军前一天就和她约定，趁乱把她救出去，可是等了一天，也不见人影，错过这个时机，再想逃便不易了，整夜她都在听着街上的水流唱着胜利的歌。

8月9日，在旅馆老板逃走之后，萧红始终等不到萧军过来接她，一个老茶房提醒她，趁着没人看守，赶紧跑吧！萧红决定趁乱走人。

她在小楼招手呼救，有一只救济船驶来，将她救下，一船载着许多人，经过几条狭窄的以楼房砌成河岸的小河，向安全地方撤退。

萧红呼吸着自由的空气，与窗户以外的世界接触，看着人们蹲在房顶，小房睡在水底，小汽船划着到处救人，突然一阵浪打来，小船在浪中打转，全船的人都惊恐，她也吓得尖叫。

萧军当时手中无钱，去当铺当了一件旧衣，打算用这钱把萧红从旅馆里接出来。洪水当前，当铺歇业，次日，他找到一个摆渡的人，因当前形势紧张，难民众多，舟船稀少，摆渡人坐地抬价，要了高价，萧军救人心切，满口答应，到达东兴顺旅馆却发现萧红已离去。好在萧红手里有萧军留给她的纸条，那是裴主编家的地址。

今夜将住在裴家吗？为什么萧军不来接我，走岔路了吗？假设方才船翻倒过去，不就全完了吗？她的脑子一刻也不曾闲下，想这想那。

街面的景象使她眼花缭乱，她逃出来之后，直奔裴主编家。

裴馨园不在，他的妻子黄淑英得知来者是萧红，告诉她，萧军去接她了。

萧军未寻到萧红，也回到这里，两人的眼里都闪耀着劫后余生的光芒，把周围的人都灼热了。好一会儿，萧军拥抱萧红的手松开了，紧张的脸上终于有了笑意。

萧军温暖的怀抱让萧红感到安定，人身重返自由是一件多么幸福的事情。

在这一座四处漫水的城里，在自己人生即将倾颓的时刻，遇见萧军，彼此欣赏和爱慕，萧红感觉自己又一次得到了重生。

他们暂住裴家，外面水患未退，裴家温暖安宁。当夜，萧红和萧军去了中央公园。细碎的月影，清亮的水池，在他们眼里如诗如画，尽管蚊虫飞舞，他们却紧紧相偎。

幸福像是从天上掉下来的。萧红每天和自己信任的朋友们畅谈，每天看见心上人那黝黑的脸庞，听见他爽朗的笑声，被他牵着手在花园里散步,她如此快乐。

寄宿裴家,萧红和萧军常常在外游荡。"地面上旅行的两条长长的影子,在浸渐地消泯。就像两条刚被主人收留下的野狗一样,只是吃饭和睡觉才回到主人家里,其余尽是在街头跑着蹲着。"萧红在《商市街》中这样写着。

即便如此,在友人家中住的一个星期无声无息地飞过去。快乐且充实。

街口停放着一只小船,他们整天坐在船板上聊着人生,看着天,对望着彼此,看不够地看。

公园也被水淹没了,实在无处可去,左右的街巷也被水淹没了,他们两颗相爱的心也像有水在追赶着似的。一天比一天接近感到拥挤了。两颗心膨胀着,也正和松花江一样,想寻个决堤的出口冲出去。这不是想只是需要。

去哪里发展?未来依然未知,他们那被爱情喂养的心在狂跳着,他们的眼睛都像星辰闪耀着。

爱面子的裴家夫妇对他们这样衣冠不整地在中央大街、在花园里溜达的行为颇有微词。

"在这街上我们认识很多朋友,谁都知道你们住我家,多不好看?假如你们不住我们家,好看与不好看我们也管不着。

"而且,一个孕妇和另一个男人以情人的关系住在我们家里,这让周围的人都怎么看?"

裴夫人含沙射影地说。

他们并无去处,虽然裴夫人说话难听,他们也只能当苦药咽下肚,照样在大街上跑。

孩子即将出生，萧军忙里忙外。8月底，萧红生产，实在无抚养能力，她忍痛将孩子送给了别人，当她告诉萧军，孩子给人家抱去了的时候，她刚强的沉毅的眼睛把萧军给怔住了。

他说，这回我们没有阻碍了，丢掉一个小孩使多数小孩要得救的目的达到了。现在的问题就是住院费。

产妇们都抱着小孩坐着汽车或是马车一个个出院了，经过萧军的努力，萧红也出院了。

她没有小孩也没有汽车，只有眼前的一条大街要她走，就像一片荒田要她开垦一样。

萧军在她的身边陪伴着，他好像个助手似的引导着。生活虽然窘迫，但他们心里却没有悲伤难过，有的是憧憬和希望，那未来辽阔的人生路等着他们相依相扶地走下去。

他们这一双影子，一双刚强的影子，又开始向人海里去迈进。

第四章 带着爱情奔跑

当秋叶开始变黄，秋的脚步无声无息地走来，萧红从一叠纸间抬起苍白的脸，没日没夜地写作，身体状况并不见好，但心却是充实而快乐的。萧军的《八月的乡村》也几乎同时完稿。两人击掌庆贺，欢喜拥抱。

肚子在唱歌

> 我拿什么来喂肚子呢？桌子可以吃吗？草褥子可以吃吗？
>
> ——《饿》

"制芰荷以为衣兮，集芙蓉以为裳。"这是屈原《离骚》中的诗句，是说：我要把菱叶裁剪成上衣，用荷花把下裳织就。

生活贫穷，却依然可以心有诗意。然而，萧红和萧军刚刚开始的新生活，却远没有诗意可言。

自1931年"九·一八"事变之后，东北的经济很不景气，1932年，哈尔滨又遭受了百年不遇的大洪水，人们的生活越发拮据。

萧军和萧红在裴家住着，日子久了，面对他们遥遥无期的寄住，裴家日渐不满，一天，裴夫人因说了几句伤感情的话语，萧军听了，火暴的脾气上来，与她大吵一番，裴馨园夹在妻子与朋友之间颇为难，他避见萧军，悄悄留给他一封信，信中装着五元钱，让女儿递给他，劝其带着萧红重新寻找居所。

他们来到了欧罗巴旅馆，听这旅馆的名字，颇有些罗曼蒂克的浪漫，其实，这只是一家价格非常低廉的旅馆，那高高的楼梯在萧红眼里极长，萧红拖着病躯，手扶楼栏，努力迈着发颤的腿，走几步，歇一歇，像是顺着一条小道爬上天顶似的辛苦。

终于走到房间了，她累得倒在床上，用袖口慢慢擦着脸，萧军发现了，心疼地问："你哭了吗？"

"为什么哭呢？我擦的是汗呀，不是眼泪呀！"萧红换上一个灿然的笑容。

终于有自己住的地方了，怎么能不开心呢？看看，房间如此白净，斜坡的棚顶，有床，有桌，有藤椅。虽然小，但也算物品齐全了。

萧红口渴，想喝水，萧军顾虑萧红身体虚弱，便忙着为她倒水。他四周打量了一圈，两条眉毛好像要连接起来，在鼻子的上端扭动了好几下："怎样喝呢？用什么喝？"

这间屋子，太过简洁，桌子上除了一块干净得连灰尘都不存在的洁白的桌布，什么都没有，更别说水杯了。

看着爱人昏沉地躺在床上，萧军跑出去，在过道里向茶房询问是否有杯子之类盛水的器具。

萧红身体太虚弱了，她只想休息，听见门响，她看见萧军又进来，到了床前，却把两手张开，手里一无所有。

水总是要喝的，他们并没有被这眼下的困难难住。

藤椅上放着自己带来的脸盆，毛巾下面的刷牙缸也还有，用脸盆接水，牙缸当水杯，喝水的问题解决了。身下的白床单干净，床单下的被褥柔软，萧红一边喝着水，一边用手指在白床单上抚来摸去。多好呀，有床可睡，有人可陪，口袋虽瘪，终究还是有住的地方了。

萧红躺在床上，美美地感受着现实的片刻美好。

"我以为我们是要睡空床板的，现在连枕头都有。"萧军看着整齐的铺盖，也很意外，兴奋地拍打萧红枕在头下的枕头。

"咯咯——"这时，进来一个身材高大的俄国女茶房，身

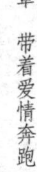

后跟进来一个中国茶房。

"也租铺盖吗?"

"租的。"

"五角钱一天。"

"不租。""不租。"

喜悦瞬间被现实击碎,原来,这铺的、盖的都是要钱的。萧红和萧军异口同声地说不租。

这些床单,软枕,桌布都是要花钱租了才能使用的。

当茶房离开,小室像被打劫过,松软的枕头,干净的床单,漂亮的桌布……什么也没有了,刚才那白净的房间显露出真面目,床上是草褥,桌子是破的,连椅子也色彩不正。

好在萧红他们出来的时候带着被子,虽然没有了那些干净的装饰,两颗年轻的心却依然是热切的,晚饭前,他们在草褥上吻着抱着。

漫长的、黑暗的、可怕的、寒冷的日子因为有爱人在侧,显得微不足道了。

晚饭就在桌子上摆着,黑"列巴"和白盐。黑列巴是俄罗斯人的一种主食,是由面粉、荞麦、燕麦烤制的黑面包,那个时代的哈尔滨人喜欢用它做主食,价格很便宜,携带也方便,买上一个,胳肢窝一夹就回来了。讲究一些的俄罗斯人,通常的吃法是蘸着黄油、鱼子酱,喝上一杯酸味俄罗斯啤酒,但是,萧红目前日子艰难,穷讲究也不行,两个人喝着白开水,将黑列巴蘸着盐巴,你一口、我一口吃得津津有味。

萧军已经从《国际协报》辞去了工作,他整天外出,到处谋职,或者借钱糊口。萧红则寂寞地在欧罗巴旅社的小房间发呆,等着萧军回来,就这样等上一天,直到黄昏时分,等来萧军,像一只小鸟等着大鸟带回食物。

萧军没有正当职业做保证，谁又肯借钱给他呢？人家也生怕这钱有借无还。两个人的工作没落实，能借到的钱也少得可怜，在没有找到工作之前，那钱必须省着花，否则，连黑列巴都吃不上。纵有满腔豪情，纵有满腹才华，在没有食物吃的日子，他们俩也只能饿着，期盼新的一天有所转机。

萧红实在饿得难受，旅馆里住户订的"列巴圈"，已经挂在人家的门上了！有的牛奶瓶也规规矩矩地等在别人的房间外。萧红羡慕那些有钱的人，只要一醒来，那些人就可以随便吃喝。

夜里，肚子又一阵一阵地响，她实在饿得睡不着，扭开了灯，见萧军睡得很恬静。越是饿，她的耳朵越是灵敏，听一听，过道没有人走动的声音，全旅馆所有的人都在沉睡，这种静越是引诱萧红，她想着别人门上挂着的列巴圈，真诱人。

没人看见，无人知晓，"去拿吧！正是时候，即使是偷，那就偷吧！"这念头越想越充胀着萧红的神经。她轻手轻脚地下了床，小心地扭动钥匙，门开了，没弄出一点响动。她探头看着"列巴圈"就在对门挂着，东隔壁也挂着，西隔壁也挂着。天快亮了！牛奶瓶的乳白色看得真真切切。饥饿在肚子里咆哮，眼里的"列巴圈"似乎也比平时见到的大了些。可是，萧红想去拿，心里又发烧，耳朵也跟着热了起来，想到"偷"，感到羞耻，于是她返身悄悄地关好了门。

夜依旧黑着，萧红贴在已关好的门扇上，过了好久，像一个没有灵魂的、纸剪成的人贴在门扇上。

天渐渐有些微明，街车唤醒了她，马蹄嗒嗒、车轮吱吱地响着过去了。

萧军依然沉沉地睡着，萧红双手抱紧胸膛，头耷拉在胸口，内心在喊:"我饿呀!不是'偷'呀!"她又一次打开门,并且下了决心,"偷就偷,虽然是几个'列巴圈',我也偷,为着我'饿',为着他'饿'。"

但第二次,萧红依然没有勇气伸手去拿别人门上挂着的食物。她终于忍着饿,爬上床,关了灯,推一推萧军,他没有醒,萧红如释重负。

天亮了!人们醒了。

萧军找了一个活儿,教人武术,这更消耗人的体力。手里一分钱也没有,早上起来,萧军喝了一杯茶就走了,萧红与萧军告别时看见过道那些"列巴圈"早已不见,都让别人吃了。

饿,从夜里到第二天中午,萧红饿得四肢发软,肚子好像被踢打放了气的皮球。

外面的世界丰富多彩,街市如同一张繁繁杂杂颜色不清晰的地图挂在她眼前。楼顶和树梢都挂着一层稀薄的白霜,整个城市在阳光下闪闪烁烁撒了一层银片。

这些银片也不能吃呀,萧红伸着头,望着窗外,衣襟被风拍着作响。

因为饿,更觉得冷,她孤孤独独地,好像站在无人的山顶。看着那些雪花冰花,像都在吸着她,使她全身像浴在冰水里一般。

萧红披了棉被再次出现在窗口,她看见一个牵着孩子讨饭的女人,伸手讨饭,却无人搭理,她听见那孩子的哭声离得很近。

"老爷,太太,可怜可怜……"

萧红看不见女人在追逐谁,但感觉到那女人一定是跑得颠颠断断地呼喊:"老爷老爷……可怜可怜吧!"

萧红的心跟着涌上同样的愁绪。"那女人一定正像我,一定早饭还没有吃,也许昨晚的也没有吃。"萧红又觉得自己是幸福的，至少有个可以安身的住处，身边还有自己的爱人陪伴。

那女人在楼下的呼喊声也传染了萧红，本来就饿的肚子立刻响起来，肠子不住地呼叫……

萧军仍不回来，拿什么来喂肚子呢？肚子在唱歌，唱着"饿饿饿"的歌。

我拿什么来喂肚子呢？桌子可以吃吗？草褥子可以吃吗？

萧红真想把这些所见的物品变成吃的呀。可是，这些都是冷冷地摆在她面前，空荡荡地摆在她面前。

萧红的肚子难受极了，关了窗子，窗上的霜化了，在她眼里，玻璃片就流着眼泪了！起初是一条条的，后来就大哭了！满窗是泪，好像在行人道上讨饭的母亲的脸。

萧红按着肚子坐在小屋里，像饿在笼中的鸡一般，只想合起眼睛来静着、默着，但又不是睡。

"咚，咚！"有人敲门，是三年前旧学校里的图画先生带着女儿来到萧红的住所。

萧红生活太过拮据，不得不写信向当年哈尔滨女中的美术老师高仰山借钱。高先生听说了她的事情，立刻赶来旅馆看她，满眼怜惜。

这个很有天赋的女孩，在本该是人生最美好的时刻，却历经坎坷。高老师鼓励萧红献身于艺术，不要浪费了自己的才华。临走，高老师给萧红留下了一张钱。

等萧军回来，两人手牵着手，去熟悉的小饭馆吃了一顿"大餐"。

一到饭店，萧红抢个地方就先坐下，大声地点菜：辣椒白菜啦，雪里蕻豆腐啦……

这顿"大餐"在点之前，萧红已经算得很精准了，这些菜也超不过一角钱。

灰蒙蒙的天空被积雪映照着，路边的灯发出暗黄的光，两个人牵手走着，路还很长，有了高老师的接济，"这回又饿不着了，又够吃些日子"。

回旅馆的路上，萧红和萧军的手攥得更紧了。

几个欢快的日子

> 电灯照耀着满城市的人家。钞票带在我的衣袋里，就这样，两个人理直气壮地走在街上，穿过电车道，穿过扰攘着的那条破街。
>
> ——《家庭教师》

天很冷了，高大的树木直指苍穹，树上的叶子早已不见了踪影。这个冬天，寒风袭来，这风又冷又硬，像小刀子往脸上、身上割。萧红和萧军已经没有御寒的衣裳了，饥饿来临，工作无着落，接济的钱也花光之后，只能打夹袄、毛衣、棉袄的主意了。

随着这些衣裳涌进了当铺，换来为数不多的钱，也可以再艰难度过几日。每每，攥着零钱和当票，萧红心里很快活，感觉自己是有钱人了。

她兴致勃勃地走向街头，喧闹的菜市、拥挤的米店、热气腾腾的包子铺——逛过，带回填饱肚子的食物。两个人依旧快活地吃完饭，然后继续找工作。

每天，送别萧军出门了，在家等待的萧红看遍旅馆里的形形色色的人。

她打旋子，经过每个房间，轻轻荡来踱去，别人已当她是个偷儿，或是乞讨的老婆，但她自己并不觉得。仍是带着苍白的脸，穿着褪了色的蓝布宽大的单衫踱荡着。

天又下雪了，萧红想着萧军是穿着昨晚潮湿的衣裳走的，她的心里又疼又难过。

终于等到晚上，萧军带着一股寒气推开门，他的帽檐上"滴滴答答"滴着水。

萧红急急地接过帽子并问他："外面上冻了吗？"

萧军弯下腰，抬了抬腿，将裤口摆给她看，萧红用手摸，半截裤管又凉又硬，她的心里又酸楚又心痛。

萧军却乐呵呵地抓住她的手说："小孩子，饿坏了吧！"

萧红立刻说"不饿"。心里想着，饿也不能说饿，为了追求食物，他的衣服都结冰了。

这时，萧军变戏法似的从口袋里拿出二十元的票子举在萧红面前。

他脸上喜滋滋的，像一个战斗中打了胜仗的英雄。

这可真是大数目了，看着这张钱，萧红忽地痴呆了一刻，脸上现出深深的疑问：这钱是哪里来的呢？

看着她疑惑的表情，萧军拍拍萧红的脸："小孩子，放心吧，我找到工作了，做家庭教师。一个月二十元钱，还管住呢。"

这真是最近听到的最好的消息了。萧红抱着萧军要跳了起来，两个快乐的人，欢天喜地地计划着如何使用这些钱，夜也变得温情起来。

萧军上班的第一天，起得很早，满脸愉悦。萧红也欢喜地跑到过道去倒洗脸水，有钱就可以买到吃的了，不会再受饿了，她干活的时候，嘴里在唱着歌，坐下的时候，腿也在跳动，又想着，该买些什么来给萧军改善伙食。

和萧军在一起的日子，萧红已经没有了大小姐的生活做派，一切吃喝用度，都精打细算。洗衣做饭，也由起初的生疏变得娴熟起来。她下楼打算买些食物回来，却看见自己的心上人已经在买了，曾经摆在别人门前的长形的大提篮，如今已经摆在他们房间的门口。

她注视着，萧军买食物的样子仿佛是一个大蝎虎一样，贪婪地，为着他的食欲，从篮子里往外捉取着面包、圆形的点心和"列巴圈"，他强健的两臂，好像要把整个篮子抱到房间里才能满足。最后他付过钱，下了最大的决心，舍弃了篮子，跑回房中来吃。

有工作真是件快乐的事，萧红还没有从这种快乐中缓过劲来，萧军已经出了门，不多久又回来了。然后又出了门，他像一个搬家的小蚂蚁，带回不同的东西，吃的、用的，还有他去当铺取回的从前当掉了的衣裳。

"你穿我的夹袍，我穿毛衣。"他吩咐着萧红。

现在，有了厚衣，两人面对着面，各自匆匆地穿上赎回的衣裳。

萧红看着眼前穿着毛衣，精神抖擞的萧军，心里极是满足。

她站在萧军面前，穿着他的夹袍，又肥又大，脚也被包裹着，手也被袖口吞没去，宽大的袖口，使她感觉自己的肩膀一边挂着一个口袋。

这是爱人的衣裳,穿着,如同带着他的体温,感受着他的气息,大是大了许多,萧红却觉得极为快乐。

接下来,两个人又出门了,有了厚衣穿,现在,为了庆祝萧军找到工作,怎么能不去吃一顿大餐呢?走在街上,看吧:

> 电灯照耀着满城市的人家。钞票带在我的衣袋里,就这样,两个人理直气壮地走在街上,穿过电车道,穿过扰攘着的那条破街。

他们来到一扇破碎的玻璃门前,上面封了破碎的纸片,萧军"哗啦"一声拉开门,对萧红说:"这是一家很好的小饭馆,洋车夫和一切工人全都在这里吃饭。"

这种破饭馆,萧红有些看不惯,又小又挤,甚至没有空桌子。但跟着萧军在一起,他便是她的天,一切都可以听他的安排。

萧军平素对吃也并不讲究,安慰萧红:"在这里吃饭是随随便便的,有空位就座。"

他把帽子挂在墙壁上,挤在一张人少的桌边,堂倌又加了张圆凳子给萧红。在破旧拥挤的小饭馆,他们吃着猪头肉,喝着肉丸汤,面前摆着五六个小碟子,都是点的菜。

这里来来往往、进进出出的人,戴破皮帽子的,穿破皮袄的,还有满身红绿的油匠,长胡子的老油匠,十二三岁尖嗓子的小油匠,大都是生活贫穷的人,但并不妨碍他们在吃的时候呈现出美滋滋的表情。

这样的时光多么好,吃饱喝足,两个人在回家的路上,经过街口卖零食的小亭子,萧红买了两块纸包糖。

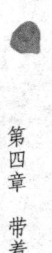

他们我一块，你一块，一面走，一面吮着糖的滋味。这日子，苦尽便有甘来，萧红的心里快乐着，甜得像嘴里吮着的糖。

"你真像个大口袋。"萧军吃饱了开始对萧红品评起来，那语气充满爱意。

萧红也打量着萧军，帽子紧紧扣住前额，后脑勺被忘记似的，离着帽子老远老远地独立着。很大的头，顶个小卷檐帽，最不相宜的就是这个小卷檐帽，在头顶上看起来十分不牢固，好像乌鸦落在房顶，有随时飞走的可能。别人送给他的那身学生服短而宽大，非常不像样。

两人在楼下大镜子前面，照了好久。你指指我的缺点，我说说你的笑话，又像两个大孩子似的，互相比舌头，因为刚才吃的糖有颜色，萧军吃的是红色的糖，舌头都染成红的了。萧红吃的是绿色的，成了绿舌头。

夜来了，关了灯，月光照在窗外，映得全室微白。两人扯着一张被子，枕着破书当作枕头，快乐的一天过去了。

20元一个月，吃喝用度，不到月底，经济又开始出现赤字。

1932年秋天，萧军在小饭馆结识了金剑啸。金剑啸本名金承载，曾考入哈尔滨医科专门学校。1929年，他弃医从文任哈尔滨《晨光报》文艺副刊《江边》的编辑。后至上海艺术大学教育系图工科。1931年春入党，8月，受党组织委派至哈尔滨。参加许多社会活动，创办天马广告社，为中共地下党人的刊物《满洲红旗》和一些传单小报画插图，设计刊头。

二萧与他相识之后，非常欣赏他，并成为密友。

此时，金剑啸在一家电影院画广告，月薪有四十元，萧红听说此事，想自己曾经读书时最喜欢画画，她一边烧早饭，一边看报，当看到某个电影院招聘广告员，她立刻就动心了。

如果自己去，应聘成功，那么，两个人都有了收入，就不会时不时地挨饿了。

她和萧军商量要去谋职，萧军并不相信。

第二天一早萧红又留心那条广告，那广告又改登一次，月薪四十元，明明白白的是四十元。四十元对他们来说，是多么充满诱惑力。

"看一看去。不然，等着职业，职业会来吗？"萧红说。

两个人根据地址寻找代替接洽的那个"商行"，找了许久才寻到。因为是星期日，不办公。又去一次，对方说跟电影院本家联系。

就这样三番五次询问，萧军生气了，有种被骗的感觉。但后来，他又悄悄背着萧红去找画广告的工作。

看着萧军嘴上说不干这活儿，多么多么不好，可是当接到别人邀请他去画广告，他却比谁都着急。

吃早饭是匆忙的，萧红连一口汤还没喝，萧军已跑在她的前面。当萧红弄好头上的帽子，去追他，想起火炉旁还堆着一堆木柴，怕着了火，又回去看了一趟，等她再出来的时候，萧军已跑到街口去了。

他催促萧红："做饭也不晓得快做！磨蹭，你看，晚了吧！女人就会磨蹭，女人就能耽误事儿！"

看着萧军一时恼火、一时着急的样子，萧红心里也忍不住地想：他不是说这行业干不得吗？怎么跑得这样快呢？他抢着跨进电影院的门去。看他矛盾的样子，好像他的后脑勺也在起着矛盾，萧红几乎笑出来，跟着他进去了。

后来，萧红一个人在电影院画广告牌，萧军回家见不着萧红，便去找，找了两次也没有找到，便生气了。

萧红辛苦的工作结束,她回来,却被他误解,两人便吵了半夜,萧军气得去买酒喝,萧红也抢着喝了一半,最后哭了,两个人都哭了。萧军醉了以后在地板上嚷着说:

"一看到职业什么也不管就跑了,有职业,爱人也不要了!"

萧红心里便也自责:"只为了二十元钱,把爱人气得在地板上滚着!"醉酒的心,像有火烧,像有开水在滚,就是哭也不知道有什么要哭,已经推动了理智。两人都一样。

这吵过闹过,又和好了,可是,电影院画广告牌却又请了别人,广告员的梦到底做成了,但到底是碎了。

萧红和萧军在一起的日子,苦归苦,穷归穷,居无定所,流浪在外,这些都不重要,重要的是,萧红的心里爱着这位救她于水火的男人,她下定决心跟着她心爱的三郎共度苦难,即使苦中作乐,也真的很快乐,很幸福。

从灰烬中走向光明

全楼都寂静下去,窗外也是一点儿声音没有了,鲁迅先生站起来,坐到书桌边,在那绿色的台灯下开始写文章了。

许先生说鸡鸣的时候,鲁迅先生还是坐着,街上的汽车嘟嘟地叫起来了,鲁迅先生还是坐着。

——《记忆中的鲁迅先生》

总有一种相遇，似是偶然，却是必然。鲁迅与二萧的相遇，一波三折，却有情有义。鲁迅先生对他们最初相助，一为文学，二为家国。

时光倒带重播，种了因，生了果。

困苦的日子总会有转机，一如天空不会永远都是阴霾。

1932 年 11 月，萧红、萧军从欧罗巴旅馆搬出，他们的新家在道里商市街 25 号（现道里区红霞街 25 号）。

萧军除了到处打工，业余时间是用来创作的。两个人最浪漫的事，并不是整天逛公园，看月亮，一起做饭吃饭，卿卿我我，而是在文学的天空，彼此成就。

太阳照常升起，萧军去工作，萧红便替萧军抄稿子。每当夜晚来临，两人读着稿子，说着文学，最浪漫的事是和心爱的人有着共同的爱好，身体和灵魂高度一致。

当时好友金剑啸创办了天马广告社，这是中共地下党与左翼文人联络的地点，对外则承接绘画和广告的业务，萧红因曾习过绘画，成为他的副手。既赚钱补贴家用，也深受金剑啸左翼文艺思想的影响，艺术上得以熏陶学习。

自 8 月份水灾过后，哈尔滨四处都是难民，为了救助灾民，中共满洲省委候补委员、中共哈尔滨市委东区（道外）宣传委员罗烽和金剑啸组织了"维纳斯助赈画展"，进行赈灾义卖，萧红也有两幅小小的粉笔画——一幅画的是两根萝卜，另一幅画的是萧军的破靴鞋和两个杠子头（山东硬面火烧）——参加画展。赈灾义卖结束后，金剑啸发起成立了维纳斯画会，所有参加画展的同人经常在一起探讨艺术问题。萧红也积极参加画会的活动，并提议成立剧团，首次参加讨论剧务的人有十几个，借了民众教育馆阅报室聚会，后转移至哈尔滨当时著名的"牵牛坊"主人冯咏秋家中。此房是东西走向的俄式平房,独门独院,房主尤喜种植牵牛花,入夏,牵牛花肆意开放,此房得名"牵牛坊",又因每日皆有白俄罗斯人牵牛经过门前,又称"牵牛房"。在这里,萧红认识更多朋友,虽然剧团成立不到三天,因怕引起日伪方面的注意导致夭折,但是,萧红由此进入了哈尔滨左翼文化圈的核心沙龙。

萧红和萧军在此与朋友们聚会,参加活动,度过了一些快乐的日子,萧军和朋友们鼓励萧红试着写文章投稿。

"我可以吗?"

"怎么不行?你是极有才华的,诗作曾写得这样好,相信别的文体也能驾驭自如。"

面对鼓励,萧红的心如同海中的浪花,汹涌澎湃。自己经历的种种苦难,故乡的佃户、租户们的故事都纷纷浮上脑海。萧红沉下心,笔下涌现出一个个鲜活的人物,以福昌号屯为背景的《王阿嫂的死》很快完成,发表在1933年元旦《国际协报》新年增刊版上,署名悄吟。

萧红这一写,便再也停不住了。她越发自信,又连续发表了《弃儿》《看风筝》《腿上的绷带》等作品,并受到读者好评。作品发表,也就有了收入,虽然微薄,但足以减缓生活的窘迫。

哈尔滨文坛上升起了两颗新星,迅速引起轰动。

1933年10月,萧军和萧红的第一部书《跋涉》由哈尔滨《五日画报》社正式出版,32开,毛边。他们把新书拉回家,分送给了一些朋友。

《跋涉》出版之后,几乎轰动了整个东北文坛,同时也招来了日伪统治者的恐慌和注意,他们的欢庆声还没来得及扩散到天空,书就被当局查抄,并被焚烧。第一部书刚出版,就惨遭巨大的厄运,看着自己的辛苦与努力都随着那被焚烧的书化为灰烬,两个人的心情极为低落。

他们还没从《跋涉》一书的遭遇中缓过神来,因为这书中文字有揭露日伪残暴统治的内容,他们被盯上了。而他们身边的许多朋友都是进步人士,不是被捕,便是被杀害,他们的处境也越来越危险。

1934年6月,面对惶惶不安的生活,他们决定离开商市街,到别处去流亡。此时,他们和地下党组织已经有了很深的接触,党组织同意他们的决定,并帮他们安排前往山东青岛。

青岛的好朋友舒群得知他们两人要来的消息,非常高兴。

1934年6月15日,即农历五月初四,他们到达青岛。这一天,风和日丽,轮船停靠岸边,萧红他们还未下船,便见舒群夫妻二人在迎接的人群中焦急张望。萧军远远地扬起手,大声呼唤着好友的名字。

舒群早年便走上了革命道路,他不仅是作家,还是革命活动家。此时此刻,旧友重逢,热情寒暄,舒群替他们提起行李,放在车上,大家钻进前来迎接他们的车,一行人前往舒群岳父的府上——倪家公馆。

倪家公馆的主人是倪青华的大哥倪鲁平,对外身份是青岛市政府劳动科科长,党内身份是青岛市委组织部部长兼地下党机关刊物《磊报》主编。

这群志同道合的人又走到一起,谈相聚情,抒报国志,大家热血沸腾,很是欢喜。

很快,萧红和萧军有了新居,是观象一路一号一座石头基座垒成的二层小楼。这是舒群替他们租好的房子,楼下两间房子中的一间归舒群夫妇居住,另一间归萧军和萧红居住。

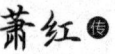

萧军的工作也很快得到了落实,他以刘均的名字在《青岛晨报》找到一份编副刊的工作,萧红在家操持家务。两人有了工作,有了稿费收入,生活大有改观,不再为吃饭的事愁苦,时间充裕,萧红有大量的时间安心创作。

《生死场》便是萧红在青岛的这段时光完成的。

"在乡村,人和动物一起忙着生,忙着死……"书中,乡村的底层人物如同动物一般生生死死,他们和动物一样是乡村的主角,萧红塑造的每一个人物都形象逼真,呼之欲出,让人读着仿佛亲见一般。

当秋叶开始变黄,秋的脚步无声无息地走来,萧红从一叠纸间抬起苍白的脸。她没日没夜地写作,身体健康状况一直不好,但她的内心却是充实而快乐的。

萧军的《八月的乡村》也几乎同时完稿。两人击掌庆贺,欢喜拥抱。

有了《跋涉》这本书的前车之鉴,面对用心血写成的新稿,他们慎而又慎。

萧红的小说《生死场》描述的是20世纪30年代初期在日寇铁蹄蹂躏下,东北农民悲惨的生活状态,透露出人们渐渐苏醒的民族意识和反抗精神。萧军的《八月的乡村》写的是"九·一八"之后中国人反抗日本鬼子的小说,反映出东北人民誓死保卫家园的决心。

这样的书是否会遭到封杀?怎样才能让自己的心血顺利问世?这些问题悬在二萧心头,他们对书的未来命运很茫然。

萧军这天又去了广西路上的荒岛书店。店里有人坐着读书,有人轻声聊述,大家沉浸在自己阅读的小世界里。书店老板孙乐文与萧军相熟,他们便聊述起来。

话题说到当时有影响力的作家，萧军提到鲁迅先生，孙乐文便自豪地说起他曾在上海内山书店看到过鲁迅先生，那个书店，应该是先生常去光顾的书店。

萧军灵光一闪，他知道，鲁迅先生对青年作家的成长是大力扶持的，如果把自己和萧红写的小说稿子寄给鲁迅先生看看，是否会得到先生的指点呢？

有鲁迅先生这样有影响力的人物出面，这本书的出版或许会顺利一些。此时的萧军似乎看到了希望之光在前方闪耀。

说做就做，他立即给鲁迅先生写了一封信，信中，萧军诚恳地以一位文学青年的身份向鲁迅先生重复请教，并想请鲁迅先生看看他和萧红新完稿的两部长篇小说。

写这封信，萧军第一次使用了"萧军"这个笔名（他原名刘鸿霖，曾用过笔名三郎、田军等），信便是寄往上海的内山书店。

很快，鲁迅先生回信了：

我可以看一看的，但恐怕没工夫和本领来批评。稿子可以寄"上海，北四川路底，内山书店转，周豫才收"，最好是挂号，以免遗失。

"鲁迅先生来信了。"他们扬着手中的信，信纸在颤动的手上哗哗作响，他们拿着信左看右看，每一个字都要看得清清楚楚、明明白白，这份喜悦也感染着他们身边的朋友们，大家都为他们感到高兴，纷纷表示庆祝。

他们立即把《生死场》的抄稿和一本从哈尔滨带出的《跋涉》打包寄出，随信还寄去一张他们的合影。

信还在路上行走着，青岛时局已经风起云涌，地下党组织遭到了严重的破坏。中秋节之夜，舒群、倪鲁平、倪青华等人被捕，中共青岛市委书记也在那一夜被捕了。萧军和萧红因没有与这

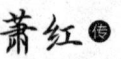

些朋友在倪公馆共度中秋，侥幸逃脱。

风声越来越紧，《青岛晨报》也被警方盯上了，报纸停刊，员工各奔东西，他们又一次面对厄运。

荒岛书店老板孙乐文也是地下党，他派人捎信约了萧军见面，告诉他，目前形势严峻，自己即将撤退，组织给他们二人四十元路费，请他们尽快离开青岛，寻找更安全的场所。

面对组织的关怀，朋友的关心，萧军和萧红感动万分，他们深情告别，迅速离开。

萧军担心鲁迅先生给自己回信，会给鲁迅先生惹上大祸，他立刻追写了一封信，请鲁迅先生勿回信，自己将去上海亲自拜望。

天空乌云密布，阳光隐在云层后面。他们登上客船，挤在四等舱那些衣衫褴褛的乘客中，各种不洁气味四处流窜，人与货物互相拥挤，船上的恶劣环境，在他们看来也算不得什么。

1934年11月2日，他们的脚踏在大上海的土地上，一切都是新鲜的，他们并不迷恋这十里洋场，生活还要有着落，有住所，有吃有喝，照顾好肚子问题。

他们先在码头附近寻到一家廉价的小客栈入住，然后分别去找朋友和租房子。

在拉都路北段，一家名叫"元生泰"的小杂货店门上贴有"招租"字样，但招租的只是杂货店的一个亭子间。他们搬离客栈，租下亭子间，安顿好住处，购置些生活用品，很快，他们身上的钱又所剩无几。

狭小黑暗的亭子间，随处游荡着混在上海落魄失意的海漂，但对萧红来说，屋子虽小，也有足够的温暖，一桌一椅一床一灯，也算齐全了。

他们一边修改自己的小说,一边继续创作新的作品,这些稿子大多数石沉大海,但他们并不气馁,也许,只要再坚持一下,明天就会出现曙光。

1934年11月27日,鲁迅先生给他们回信,约他们三天后的下午到内山书店见面。

萧红与萧军喜不自胜,能够见到自己心目中的文坛巨匠,那简直像做梦一样。

"与君初相识,犹如故人归。"萧红发现,那位心目中神一样的文坛巨匠鲁迅先生竟然是一位善良平和的老者,他相貌平凡,清瘦,个子也不算高,那"一字胡"是先生突出的特点了。随后,他们跟着鲁迅先生出了书店,前往一家咖啡店。

坐定,鲁迅先生看出两位年轻人的紧张,率先打破沉默,轻松地和他们谈笑。

在他们心目中带有传奇色彩的文坛大师鲁迅先生,竟是这样平和,善解人意,咖啡室的气氛立即变得轻松起来。

不久,鲁迅先生的妻子许广平女士领着儿子海婴也来了,这是鲁迅先生事先安排好了的,他是担心两个青年人尴尬。有了家人的加入,气氛越来越放松,大家谈笑自如,十分和谐美好。

1934年12月,萧红与萧军搬至拉都路的福显坊22号。鲁迅先生与他们几次约谈后,邀请他们到家里去做客。

那是一个冬天近黄昏的时候,萧红第一次来到鲁迅先生家。当时,楼下的房间有些暗,萧红看着鲁迅先生在吸纸烟。鲁迅先生一边吸着烟,一边向萧红介绍家里的花:"这花叫'万年青',永久这样!"

"这花不怕冻?"从北方来到上海的萧红对四季都不凋零的植物,带着好奇。鲁迅先生笑着耐心向她解释。

渐渐地，萧红与鲁迅先生一家熟识了，萧红便时常到这里来。

起初，萧红每次到鲁迅先生家，是从法租界来到虹口，搭电车也要差不多一个钟头，所以刚开始去的次数比较少。一次谈到半夜，过了十二点，街上便没有电车，但那天讲到兴头上，十二点已过，电车也没有了，大家又继续坐着聊。

深夜一点钟以后，许广平送萧红还有别的朋友出门，外边下着雨，弄堂里灯光都灭了，鲁迅先生嘱咐许广平一定让萧红坐小汽车回去，并且嘱咐她付钱。小小的细节，让萧红感受到鲁迅先生对她像长辈一样的关怀。

后来，萧红和萧军也住到北四川路来，与鲁迅先生家离得近，萧红每天晚饭后必到大陆新村来，几乎没有间断，萧红将鲁迅先生家当成了自己的第二个家。

鲁迅先生的饮食起居、爱好、审美，萧红都看在眼里记在心里。鲁迅先生每天接待许多朋友，许广平从早晨忙到晚上，在楼下陪客人，手里还打着毛线，萧红有时也陪着许广平一边谈着话一边用手摘掉花盆里花上已干枯的叶子。

萧红走进鲁迅先生的家庭生活，熟悉鲁迅先生的许多生活细节。

他每天很忙碌，保持着愉快的笑容。夜深时，如果客人没有离开，就一道吃些点心，吃完了，会请许广平再拿一碟。先生休息与别人不同，他不听留声机，不出去散步，也不倒在床上睡觉，鲁迅先生自己说：

"坐在椅子上翻一翻书就是休息了。"

许广平也会向萧红谈及鲁迅先生的作息，除了白日会见前来拜访的客人，有时还会留客用餐、喝茶，如果客人不走，会一直陪到深夜。当客人离开，已经是下半夜了，该睡觉的时候鲁迅先生开始工作。

全楼都寂静下去，窗外也是一点儿声音没有了，鲁迅先生站起来，坐到书桌边，在那绿色的台灯下开始写文章了。

许先生说鸡鸣的时候，鲁迅先生还是坐着，街上的汽车嘟嘟地叫起来了，鲁迅先生还是坐着。

许广平心疼地说，有时自己醒了，看着玻璃窗白蒙蒙的了，灯光也不显得怎么亮了，鲁迅先生的背影是灰黑色的，仍旧坐在那里。直到家人都起来了，鲁迅先生才睡下，这时候，孩子去上学了，家人们开始一天的工作了，大家轻手轻脚地忙碌，生怕打扰先生休息。

"鲁迅先生刚一睡下，太阳就高起来了。太阳照着隔院子的人家，明亮亮的，照着鲁迅先生花园的夹竹桃，明亮亮的，鲁迅先生的书桌整整齐齐的，写好的文章压在书下边，毛笔在烧瓷的小龟背上站着。一双拖鞋停在床下，鲁迅先生在枕头上边睡着了。"

……

每当萧红私下和许先生谈及鲁迅先生，许广平说："周先生的做人，真是我们学不了的。哪怕一点点小事。"

他对萧红的照拂同样尽心尽力。不仅生活上给予萧红各种帮助，对萧红用木棉纸复写的手稿，也一字一句地校对着。看着萧红笔下那些东北人民在生死边缘挣扎的情景，他奋笔疾书，为《生死场》写了一篇感情真挚的序言，鲁迅先生还邀请胡风写了一篇后记。

1935年12月，几经波折，《生死场》终于以"奴隶丛书"

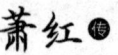

的名义出版了。这也是她第一次以"萧红"这个笔名出版作品。

这部饱蘸深情的《生死场》一经出版，立刻在上海文坛引起轰动，鲁迅先生在其序言中称赞"叙事和写景，胜于人物的描写，然而北方人民的对于生的坚强，对于死的挣扎，却往往已经力透纸背；女性作者细致的观察和越轨的笔致，又增加了不少明丽和新鲜。"胡风也在后记中感叹"她所写的农民们的对于家畜（羊、马、牛）的爱着，真实而又质朴，在我们已有的农民文学里面似乎还没有见过这样动人的诗篇。""这一篇不是以精致见长的史诗就会使读者感到更大的亲密，受到更强的感动罢。"

《生死场》和《八月的乡村》的出版让读者看到了20世纪30年代东北人民的真实生活，许广平先生说这部小说是"萧红女士和上海人初次见面的礼物"。

有一种相遇如此美好，一如萧红、萧军与鲁迅先生的相遇，在鲁迅先生的帮助下，这两颗文坛新星绽放出耀眼的光芒。经受各种波折苦难的萧红，在人生最为艰难的时刻，遇到了自己的人生导师，从那灰烬处挣扎出来，走向光明。

萧红明白，那些幸运，并非平白而来，只有越努力，才会越幸运。

盛满泪的苦杯

往日的爱人，为我遮蔽暴风雨，而今他变成暴风雨了！

让我怎样来抵抗，敌人的攻击，爱人的伤悼？

——《苦杯》

  有缘不负，有情相惜。萧红与萧军二人在文学上比翼双飞，在朋友们的眼里，他们是极好的组合。风风雨雨，从哈尔滨的相识结缘，到商市街的同甘共苦，从青岛的相互扶持，到上海在鲁迅先生的帮助下立足文坛。

  爱情最好的诠释不正是同结连理，比肩云翔吗？

  生活越来越好，可是，那颗为爱的心，却越走越远。

  曾经，萧红认为感情的天长地久，不需要甜言蜜语，只需好好珍惜彼此在一起的时光。她愿意洗手做羹汤，与萧军的婚姻能够平平凡凡走到白头。萧红并不害怕爱情趋于平淡，可是，所有的爱情怎么能经得起背叛？

  两个人在饥寒交迫的生活中，时有笑声。如今日子好过了，朋友也多了，作品被越来越多的人认可，但是，她与萧军的爱情却走向窄道。

  灯红酒绿，繁华迷离的上海，到处都是洋派的人，萧军也去学开汽车了。

  "新认识一个朋友，她从上海来，是中学生，过两天还要到家里来。"萧军兴冲冲地学车回家，第一句话便是告诉萧红这件事。

  萧红的心沉了沉。

  她不由想起当年自己与萧军刚相恋的那个寒夜，萧军带回一个列巴圈，两个人就着白开水和盐巴把那个干硬的面包吃掉，吃得很快乐。他的衣袖露着破茬，萧红本打算为他缝好，萧军却摩挲着那些缝过的痕迹告诉她，那是旧时恋人敏子替他缝的。

萧军深情地说起他曾经的恋人："敏子生得很好看的,眼眉弯弯的黑黑的,樱桃般的嘴唇很红啊!"

萧红只是听着,不再多说什么,由着萧军说着他曾经的故事,可是那新婚蜜月的夜晚,萧军沉沉睡去还喊着"敏子"的名字,萧红含着泪地笑,那种心酸,也只有她自己懂。

当初,萧军在给房东家的孩子当武术老师的时候,房东家的三小姐汪林对萧军也颇有好感。

汪林是萧红的中学同学,比较熟悉。萧红总见汪林穿着摩登的皮领子大衣,走起路来高跟鞋"咯噔咯噔"和谐地响着。同为女子,汪林每天生活得那么满足,自己忍受饥饿,那位旧时同窗仿佛看不到,萧红在窗前向外张望,汪林冲着萧红笑着用手指点她一下:

"啊!又在等你的三郎……"汪林快走到门前的木阶,还说着,"他出去,你天天等他,真是怪好的一对!"

萧军白天总是很忙,忙得影子也看不到,两个人在一起的时间并不多。夜间,他睡觉也睡得很沉,萧红感到非常孤独!

又穷又苦,多希望自己的爱人能够多陪伴自己呀,萧军似乎无视萧红的寂寞,白天忙完工作,晚上又陪着汪林没完没了地聊天。

萧红困得受不了,独自去睡了,夜里,萧红总是不知道萧军什么时候才进屋。

倔强的萧红明明知道自己的三郎并不能够始终把目光放在自己一个人身上,却不说破,她的寂寞无助,显得更深了。

当初,对于这段感情,萧军还是主动认清真相,对汪林说:我们不能够相爱的,一方面有萧红,一方面我们彼此相差得太远……你沉静点吧……

萧红与萧军在一起也时常吵吵闹闹，如果能成为感情的添加剂，使感情往更好的方向发展，也值得欣慰。现在，他们一同来到了上海，生活相对稳定了，萧军对萧红说，有一个新朋友要来。萧红只是点点头。

第三天，外面敲门声响起，萧红打开门，原来是旧日相识的人，并且是萧军为之着迷的人——陈娟。这次，萧红不淡定了。

当年，十六七岁的上海姑娘陈娟从上海到哈尔滨，探望在哈尔滨邮政管理局工作的哥哥。她逛商场时，读到了萧军和萧红合出的《跋涉》，那时候这本书还没有被查抄，她被书中的内容吸引，想买这本书，同行的朋友说认识书的作者，可以介绍她认识。

萧红第一次见到陈娟时，觉得她很漂亮，很素净，脸上不涂粉，头发没有卷起来，只是扎了一条红绸带，这更显得别有风味，又美又干净，葡萄灰色的袍子上面，有黄色的花，萧红觉得这袍子不怎么好看，但穿在陈娟身上，却也不损于美。萧红感觉到萧军看陈娟的眼睛也是亮的。

那天晚上，这美人似的女子就在萧红家里吃晚饭。

在吃饭以前，汪林也来了！汪林是来约萧军去滑冰的，她从小孔窗看了一下：

"郎华不在家吗？"她接着"唔"了一声。

"你怎么到这里来？"汪林进来了。

"我怎么就不许到这里来？"陈娟回答道。

萧红看得出汪林和陈娟很熟悉，就奇怪地问："你们怎么也认识呢？"

"我们在舞场里认识的。"汪林走了以后，陈娟告诉萧红。

萧红从中得知，这位陈娟也是常入舞场的人，和汪林一样，都是有钱有闲有资格跳舞的漂亮小姐,和自己不是同一类型的,而自己的爱人萧军不在家陪自己,却在舞场陪着这个女子,这样的打击真是让人从头冷到脚。

听说陈娟离开哈尔滨,并在沈阳结了婚,萧红以为,萧军还会和以往一样,回到自己身边。

1936年春天,陈娟带着初生不久的孩子来到了上海父母家中。陈娟哥哥住在萨坡赛路16号,与萧红和萧军所居之处离得很近,2月某日,陈娟和幼妹一起去看望他们。

陈娟出现后,萧红看着萧军在家里魂不守舍,动辄说去书店看书,或者出去买东西,然后就一天不见人影,他是跑去找陈娟去了。

3月,萧红又搬了一次家,去北四川路底的丰乐里,离鲁迅先生家更近些了。当然,离陈娟家远了许多,但并不能因此就阻断萧军常去找她,有一次还吻向陈娟额头。

五一前夕,陈娟的丈夫写信催促陈娟回家。萧军听说了这个消息,像心被掏走了。临行前夜,陈娟家中有友人为其送行,萧军突然而至,坚持让陈娟跟他出去吃东西。陈娟请朋友到融光戏院门口等她,还有话要与他交代,随后陪着萧军上街。陈娟看着眼前的男人一杯接一杯地喝酒,心里很着急,剧院里的朋友还在等着自己呢,她劝萧军不要再喝了,她也要赶紧回去。

萧军认真地注视着陈娟说:"从明天起我就不再喝酒了,为了你的缘故。这一杯,你让我痛痛快快地喝了吧。"喝完,就拉着陈娟走到街上去了。

许多年后,陈娟曾站出来澄清,她和萧军之间一直是萧军在纠缠她,她自始至终只是把他当作很好的朋友,但是萧军的强吻,让她觉得"那种倾向太可怕了"。

这些事，都传到萧红耳朵里了。

天是灰的，心是阴沉的，房间是令人抑郁的，当年，他们相互鼓励，相互扶持，两心相悦的日子再也没有了，苦闷的心无处倾诉，她将每一滴泪都化进了组诗《苦杯》：

……
已经不爱我了吧！
尚日日与我争吵，
我的心潮破碎了，
他分明知道，
他又在我浸着毒一般痛苦的心上
时时踢打。
……
往日的爱人，
为我遮蔽暴风雨，
而今他变成暴风雨了！
让我怎样来抵抗，
敌人的攻击，
爱人的伤悼？
……

萧红也曾在爱的甜蜜中灿若云霞，亮似珍珠，她多么渴望眼前这个男人是自己的归宿，可是，曾经温柔的萧军到哪里去了？那个对自己百般呵护的萧军呢？

萧红无法纾解自己内心的痛苦，亦没有可以倾诉的朋友，鲁迅先生家那么温馨和宁静，她经常往鲁迅先生家中跑，和许广平先生聊一聊,听鲁迅先生说一说。

鲁迅先生和许广平先生也都看出了萧红的苦闷,但感情这种事,旁观者再清,也无法代替当局者的感觉,也无法说服当局者做出任何决断,二位先生也不好多问,只是竭尽自己所能安慰她。

上海绵长的梅雨季节里,萧红阴云密布的心情如同又冷又湿的天气,愁绪和痛苦如同乌云,遮蔽着她心头的阳光。

萧军对陈娟的一腔热恋并不能换来陈娟同样的感情,她又一次逃离了,这次是离开上海找她的丈夫,萧军的新恋情又一次不了了之。

萧红这次却坚定了自己的决心,爱,如果成了暴风雨,那么,就远离这风暴,让自己伤痕累累的心,换一个环境去疗养,去重新焕发生机。

第五章 黄金时代多寂寞

萧红学习日语有了进步，一个人的屋子里，生了盆火，她坐在火盆旁，烤着火，读着书，屋子里暖暖的，空空的，只有灯光将影子映照在墙上，人对着影子，连邻居的说话声也没有，这种空寂寂，会使萧红生出许多想法……

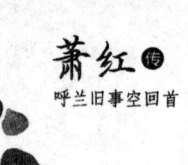

把光影带回现实的陆地

> 可弟,我们都是自幼没有见过海的孩子,可是要沿着海往南下去了,海是生疏的,我们怕,但是也就上了海船,飘飘荡荡的,前边没有什么一定的目的,也就往前走了。
> ——《"九·一八"致弟弟书》

人生路上,有时走着走着,便不知道该往哪里走了。浮生如梦,一梦一华年。华年难盛,一眼一衰景。

萧红在感情世界里沉浮时,她的困顿和迷惑使她不知何去何从。精神上的痛苦加上身体的病痛,使她的健康状况越来越差,令人担忧。黄源提议她去日本休养一段时日,脱离上海的烦扰,一边调养身体,一边静心写作。

黄源的夫人许粤华此刻正在日本学习,萧红若是去了日本,两个女子也可以相互照应。

这天,萧红接到从日本东京来的信,萧红先是惊诧了一下,展信一读,方知弟弟张秀珂也在日本求学。

与萧军继续生活下去,那意味着自己依然无法走出那混沌的境况。离开萧军,出去静一静,她的灵魂里有一个声音在呐喊。

萧红主意既定,立刻写了一封信给弟弟秀珂,信中问弟弟:"是不是想看看我,我大概七月下旬可到。"

一想到弟弟，萧红就有些小小的期待，姐弟虽然不常在一起，祖父在的时候，萧红跟着祖父学诗，后来弟弟也跟着祖父一起学。

回忆起自己在家乡生活时，那段童年时光，亲情的温暖时时浮现在萧红的眼前。

她在信中也兴奋地说："可以看到你了，这是多么出奇的一个奇遇。因为想也想不到，会在这样一个地方相遇的。"

离别的前两天，许广平先生亲自下厨做拿手的饭菜，为萧红饯行。这对恩师对萧红的照拂，让她心中涌着一股股暖流。

鲁迅先生身体状况不佳，人更瘦了，他像慈父一样不厌其烦地耐心叮咛萧红去日本的一些注意事项，萧红一个劲地点头，眼眶湿润了。

1936年7月17日，25岁的萧红登上了前往日本的轮船。海风吹乱了萧红的头发，她立在船尾，刺眼的阳光让她眯起了双眼，她将双手搭在额前向远方眺望。

这是一个人孤独的旅程。当萧红离开那个曾经最坚实可靠的臂膀，她不再是风雪中抱着肩膀四处求宿的女子，也不再是离开哈尔滨连炊具餐具都舍不得丢下的小女子了，此刻的她，站在光影里，站在另一个高度感知世界，她已经是一位可以独立生活，用自己的创作来改变生活、影响文坛的知名作家了。

轮船劈开波浪，萧红在汽笛的呜呜声中，与旧时的光影告别，她终究要回到现实，去一个安静的地方，好好审视自己混乱的内心。

许粤华接到丈夫黄源的消息，在码头接到萧红，她热情地引领着萧红来到自己居住的东京麹町区富士见町二丁目九一五中村。

安静的街道，安静的屋子，床是矮矮的榻榻米，那些绿色的植物也显得安安静静，与上海的动荡比起来，这里让萧红感到前所未有的宁静，她一下子就喜欢上这里，身边有许粤华（华夫人）的陪伴，她也不觉得太寂寞。

"要是萧军在这里就好了。"这个念头蹦上脑子，她又自嘲，怎么还放不开呢？

萧红第一时间按照弟弟来信的地址，给他写信。萧红本想请华夫人带自己去找弟弟，因为知道弟弟的身份是共产党，不好向外透露，所以先写信去，约好了第三天下午见面的时间和地点。

为了让弟弟能远远看见自己，她特地穿了一件红色的衣裳。这身衣裳让萧红看上去喜气洋洋，她的心也喜气洋洋的。终于要和弟弟见面了，她异常激动。

萧红还记得逃出家的那日清晨，弟弟在大门外和一群孩子玩耍，那时他才是十三四岁，他看着萧红离开家向南大道上奔去，向着那白银似的满铺着雪的无边的大地奔去，弟弟连招呼都不打，他恋着玩，对于萧红的出走，连看也不看一眼。

走在日本陌生的街头的萧红，脚步是轻快的，她坐在约定的饭馆，叫了茶，静静地坐着，等待弟弟的到来。

她想，如今，自己终于过得好了起来，弟弟会很欣喜的。

饭馆里来来往往的人，看着一位孤单的女士静静地坐着，默默地饮着茶，天渐渐黑了……

萧红满怀期待的、热切的心渐渐静了下来，最后，萧红沮丧地站了起来，推开饭馆的门，走上那陌生的街道。来来往往的都是陌生的脸，有笑声传来，也是和自己无关的。

第二天，萧红决定还是去弟弟张秀珂住的地方看一看。

她按照信中的地址，一边走一边打听，终于找到了，这是一间很小的房子。萧红敲开门,一位穿着灰色大袖子衣裳的老婆婆出现在面前,萧红不断用手比画着,老人又看看她手中的信,她也比画着告诉萧红,住在这里的年轻人已经在月初走了,离开东京了。

萧红不甘心地朝屋子里张望着,弟弟曾住过的房子里还垂下竹帘子,帘子里静悄悄的,好像弟弟在里边睡午觉。

姐弟又一次擦肩而过,弟弟不在日本了,萧红眼中本来很安静的日本,也变得不那么亲切了。日本对她来说,陌生感油然而生:陌生的街道、陌生的人、陌生的语言、陌生的花园……

语言不通,文字不识,华夫人每天都会去图书馆,不能一直陪伴在萧红身边。

萧红住在深深庭院里,暑热难消,她很快从光影中跌落到现实中,最初的喜悦迅速被孤独填满,耳边时时响起清脆的木屐声,更让她感到孤寂难耐。

弟弟虽然离开了日本,他与萧红依然有书信往来,在信中,萧红会问及,家里的樱桃树这几年结樱桃了吗?红玫瑰依旧开花否?看门的大白狗怎样了?

弟弟的回信说:祖父的坟头上长了一棵小树。

家里的玫瑰花年年开放……

萧红读着弟弟的来信,感受着亲情,回忆着故乡。

张秀珂长大以后,追随萧红的脚步,他追到萧红最初住的那地方,去找她,看门的人说,萧红已不在了。

而后通过辗转的信,知道萧红在上海,张秀珂便转学去上海读书,可是他又扑空了。萧红已经从上海走了。

萧红在给弟弟的信中写道:

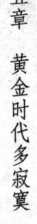

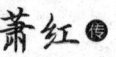

可弟，我们都是自幼没有见过海的孩子，可是要沿着海往南下去了，海是生疏的，我们怕，但是也就上了海船，飘飘荡荡的，前边没有什么一定的目的，也就往前走了。

后来，萧红从日本回到上海，姐弟终于见面。"七七事变"，张秀珂决定到西北去做抗日军。

弟弟走的那天晚上，满天都是星，就像幼年他们在黄瓜架下捉着虫子的那样的夜，黑黑的夜，飞着萤火虫的夜。两人都很沉默，萧红送弟弟到台阶上，只觉得恍恍惚惚地，把过去许多年的生活都翻了一个新，事事都显得特别真切，又显得特别的模糊。

萧红支持着弟弟，也呵护着弟弟。她知道，这是一群快乐的小战士，弟弟也在追求自己的理想，胜利一定属于正义的一边，中国有这样的战士，中国会战胜困难，迎来胜利的。

战乱的中国，姐弟二人同样怀着爱国心。她暗暗告诫自己：决不要被过往烟云迷乱了双眼，沦丧了心志，努力做好自己喜欢的工作，在文学这条路上，向前走，一直走下去……

思念很苦

夜间，这窗外的树声，听来好像家乡田野上抖动着的高粱，但，这不是。这是异国了，踏踏的木屐声音有时潮水一般了。

> 日里：这青蓝的天空，好像家乡六月里广茫的原野，但，这不是，这是异国了。这异国的蝉鸣也好像更响了一些。
>
> ——《异国》

《三国演义》第一回有："话说天下大势，分久必合，合久必分。"何止是天下之大势，用于生活中的小事，也有许多是合久必分，分久必合。当然，很多事，分开就合不起来了。

萧红与萧军，有时也争吵，有时也打闹，当感情不顺时，决定分开冷静一下也好。可说得容易做起来难。萧红离开上海，渡船一驶离码头，她的心就变得飘忽不定。这些年来，萧军一直伴随左右，虽然两人有过许多争吵，但从未长久分开过。

在前往日本的游轮上，萧红已经止不住开始絮絮叨叨地写信了：

"君先生：海上的颜色已经变成黑蓝了，我站在船尾，我望着海，我想，这若是我一个人怎敢渡过这样的大海！

"这是黄昏以后我才给你写信，舱底的空气并不好，所以船开没有多久，我时时就好像要呕吐，虽然吃了多量的胃粉。"

萧红十七日才上了船，就开始向萧军诉说自己的行踪与行船中的不适。这是怎样的爱呢？才使萧红到哪里都想着向对方说说自己的情况，避免对方的担心，那何尝不是小女子向心爱的男人撒娇的态度？她希望得到爱人几句心疼的话而已。

萧红在东京生活，不用为萧军做饭洗衣，不用考虑他的吃喝用度，可是，萧红却忍不住担心起来：自己离开之后，萧军可否将自己照顾妥帖？

她关心起萧军的饮食起居：

萧红
呼兰旧事空回首

"你的身体这几天怎么样？吃得舒服吗？睡得可好？当我搬房子的时候，我想：你没有来，假若你也来，你一定看到这样的席子就要先在上面打一个滚，是很好的，像住在画的房子里面似的。"

她写信向萧军报着平安，而屋子里，一张桌子和一把椅子都是借的，屋子布置规整，初到的寂寞是免不了的，"总有点儿好像少了一点儿什么！住下几天就好了"。

萧红忍不住在信中叮嘱着："你的药不要忘记吃，饭少吃些，可以到游泳池去游泳两次，假若身体太弱，到海上去游泳更不能够了。祝好！"

萧军回信了，信是从青岛寄来的，萧军告诉萧红，他借住在山东大学任教朋友的单身教员宿舍里，现在已经开始写作了。

收到萧军的来信，萧红的脸上终于露出开心的微笑。她的快乐总还是源自萧军对她的爱，回信的时候，她有了写诗的心情，那首《异国》就是在回信中寄给萧军的：

夜间：这窗外的树声，听来好像家乡田野上抖动着的高粱，但，这不是。这是异国了，踏踏的木屐声音有时潮水一般了。

日里：这青蓝的天空，好像家乡六月里广茫的原野，但，这不是，这是异国了。这异国的蝉鸣也好像更响了一些。

给萧军写完信，萧红的心情舒畅起来，她推开门，暑气又扑进房来，这让她有点迟疑是否要出去走走，她还是放开脚步，走向外面陌生的世界，像小时候去大河边的心情，试探着，拓展着，向更远的地方迈开那孤单的脚步。

萧红往神保町去，她沿路一边走，一边记着路边的标记。听说那地方的书局很多，很热闹。萧红四处转悠着，这里人来人往，读书的，聊天的，都说着日语，自己却像一个无关的人，她拿起书来翻，那些文字也都将她拒之门外。

她轻轻将书放回原处，感觉百无聊赖。干净的路，低矮的房屋，挂着各种广告牌的店都是自己来时的样子。沿着街路，经过一条河，河水是黑色的，和上海徐家汇的一样，平静无波，像是一个看上去没有心事的人一样，只是把满腹心事都藏在水的深处。这黑黑的河面上有只破船，船上也有女人、孩子，也是穿着破烂衣裳，那黑水的气味也与故乡一样。这似曾相识的画面，使萧红感叹：看来，贫穷的人不仅上海有，日本有，也许巴黎也会有……

日本的八月，雨多，下得没完没了。雨天的阴湿，房间的狭小，生活的寂寞使萧红感觉烦闷。萧军好久没来信了，萧红感觉自己的生活空虚，身体也虚弱。独在异乡，无人可以倚靠和倾诉，她倍感孤独，对萧军的思念越发深了。

痛苦和孤独变成文字，源源不断写在给萧军的信里：

"近几天整天发烧，也怕是肺病的样子，但自己晓得，绝不是肺病。可是又为什么发烧呢？烧得骨节都酸了！本来刚到这里不久夜里就开始不舒服，口干、胃胀"；

"这样剧烈的肚痛，三年前有过，可是今天又来了这么一次，从早十点痛到两点。虽然是四个钟头，全身就发抖了。洛定片，不好用，吃了四片丝毫没有用"；

"胃还是坏，程度又好像深了一些，饮食我是非常注意，但还不好，总是一天要痛几回"。

萧军收到萧红的信以后，对她在信里诉苦并不理解，他认为萧红本来是去日本学习、休养，去放松心情的，有足够的时间可以写作，生活无人打扰，不是很舒服自在的吗？可她现在倒像个林黛玉似的伤春悲秋。虽然有些轻视萧红的孱弱和伤感，但在信中，萧军劝她自立起来，要好好学习，保养身体，勤于写作，不要整天胡思乱想。

雪上加霜，华夫人又告诉萧红，丈夫黄源的父亲病重，家人忙着为老人治病，经济难以支撑，华夫人不能在日本继续学习，必须回国。

萧红听说华夫人也要回去，心情一下子跌到谷底。

哎！熟人朋友都不在身边，自己身体状况这般差，怎么度过漫漫时光？

她一个人絮絮叨叨地向萧军诉说生活的烦恼，心中的孤独，萧军却寄来只言片语，这些只言片语也让萧红有种被关注的幸福。

写作是不能放弃的，时间是最好的良药，最初的不适与孤独慢慢变成习惯，萧红开始静下心来写散文《孤独的日子》和回忆家乡的文字《王四的故事》。

她写信让萧军从国内给她寄书。信里还嘱咐他要买软枕头，如果不买，自己买了寄给他。还要买单被子，如果不想买，她也买了寄去。还有夜里不要吃东西……

一封封信，带着满纸体贴和柔情穿越千山万水寄到客居青岛的萧军手中，萧军读着信，嘴里说"真是婆婆妈妈，什么事情都要问。"他对萧红的体贴并不买账，"她常常关心我太多，这使我很不舒服，甚至厌烦。这也是我们常常闹小矛盾的原因之一。我是一个不愿可怜自己的人；也不愿别人'可怜'我！"

萧军也会回信诉说青岛的海水蔚蓝，崂山风景之美，还附了照片寄给萧红,用他特有的语气叫萧红赶紧滚回来。

距离产生美,书信往来,彼此关心,情投意合,他们像从未发生过隔阂的恋人。

"你给我滚回去"使萧红感到喜悦,回信有着小女子撒娇的语气:"你说我滚回去,你想我了吗?我可不想你呢,我要在日本住十年。""你等着吧!说不定哪一个月,或哪一天,我可真要滚回去的。到那时候,我就说你让我回来的。"

思念很美,萧红没有马上"滚回"祖国,而是抓紧写作。没人给她当翻译,她必须学会日语。这里的一切,都要靠自己了,但萧红并不害怕,也不再担心,在她心中,有一股力量支撑着,那便是爱情。

这些信,在局外人读来,分明是情人间的卿卿我我,既是生活中的闲叙,又有着热烈的思念和深爱的人才有的情深意长。萧红此时也以为她的三郎依然是最初那位与她一起在公园看月亮,在寒夜替她系鞋带的三郎,她以为"别后才知情重",萧军会更珍惜他们之间的感情。

满窗白月光

窗上洒满着白月的当儿,我愿意关了灯,坐下来沉默一些时候,就在这沉默中,忽然像有警钟似的来到我的心上:"这不就是我的黄金时代吗?它是那么自由。"

——《萧红全集》

萧红 传
呼兰旧事空回首

东京入秋了，秋阳将路边的枫树和黄灿灿的银杏涂抹上一层油画般亮丽的色彩。天高云淡，气候舒适，萧红在日本日渐适应，心情渐好，身体也跟着好起来。她穿上秋日的衣裳，系上围巾，闲闲地走在东京的街头。

她试了一件毛线洋装，非常合身，在一家店里瞧着草褥子质地极好，一并买了回来。对着镜子，穿起新买的洋装，她满意地在镜前左顾右盼。

夜幕降临，她坐在草褥子折叠后铺制的沙发上，身畔有小桌，桌上置酒瓶，瓶旁金色酒杯闪闪发光。萧红缓缓将那暗红色的红酒倒入盈盈金杯，于灯光之下，轻晃杯中红酒，颇有种"葡萄美酒夜光杯"的诗境。

她自斟自饮，浅尝辄止，见窗外月光正好，便伸出端着杯的手，对着夜空举起杯……虽然是一个人在东京住下去，倒也是自由自在，无忧无虑，此时她很是满意的。

信手翻开萧军的来信，萧红的心里被一种感动充盈着。

"孩子""小海豹""小鹅"这样的爱称，让她不由自主地，嘴角漾起笑来。

她还记得，当年萧军给她起这些"诨名"时，颇是得意。他指着跑着碎步跟在身后的听话的萧红"小麻雀、小麻雀"地呼喊，瞧着她的腿肚细，跑不快，跑起来，两只脚尖内向，像极小麻雀的样子，那时，萧军心中对萧红有多么喜爱呀，萧红每一根神经都能感受到。

有时萧军唤萧红"小海豹"。那时，萧红一犯困，一打哈欠，泪水就浮上了两只大眼睛，俨然像一只小海豹，样子又憨又惹人疼爱。

"小鹅"则是形容萧红一遇到什么惊愕或高兴的事，两只手就左右分张起来,活像一只受惊恐的小鹅,或者企鹅……

起初,萧军一呼唤萧红这些绰号时,萧红就要追着喊打,非常生气。可是,在她犯困的时候,走路的时候,萧军喊的那些诨名,却实实在在生动亲切,"小海豹""小鹅"这样的称呼听得多了,便也极为顺耳……渐渐地,这些绰号让萧红喜欢并接受了。

有多久没有用这样的爱称了?如今天各一方,萧红读着来信,写着回信:"你总是用那样使我有点感动的称呼叫着我。但我不是迟疑,我不回去的,既然来了,并且来的时候是打算住到一年,现在还是照着做,学校开学,我就要上学的。"

生活琐碎,肚子疼了,感冒了,每天写了多少字了……信中,她是一位撒娇的女友,又是一位体贴的妻子,是唠叨的女人,又是勤奋的作家,好像萧军就在自己身边,自己并不是在写信,而是对身边的爱人聊叙家常。

萧红白天去学校上学,学习日语,空闲时候,读读萧军寄来的书,精神上的富足也不缺了。稿子写完,寄了出去,日子一闲,萧军的身影便又钻进了心里。

想及古人素喜手帕传情,此时萧红兴致也浓烈起来,一边唱起小曲"不写新词不写诗,一方素帕寄心知。心知接了颠倒看,横也丝来竖也丝。这般心事有谁知",一边做起小手帕,心中窃窃想:奴家心事萧郎知否?

一个人生活,一天二十四小时,既不烧饭,又不谈天,写文章时还好过些,但若一休息下来,萧红便觉得时间漫长,日子难挨。

九月快结束了,萧红上完日语课往回走,天上飘着毛毛细雨,虽然不大,却也淋得让人难受。萧红穿着一双大大的雨鞋,这双鞋是男款,她无所谓地在街上走着,身后便会传来一些笑声,萧红依然无畏地走自己的路。

上课学日语打发了许多寂寞时光,这段时光,萧红还买了一件小毛衣贴身穿着,她想,如果再冷,就把大毛衣穿上。虽然街上的日本女人穿得都很像模像样,但萧红并不向往,也不模仿,只保持自我风格,穿暖和舒适便好。

简洁的生活,按部就班地过着,萧红的满意度不断提升。

夜凉如水,萧红身体一直不佳,半夜胃或者肚子疼,她会醒来。一场噩梦,也会醒来。夜,静得仿佛将人都沉在黑幕中。她就这样醒来,复又昏昏睡去。天亮了,曾经的路痴、路盲,现在也敢去上街搭高架电车。

华夫人还没有离开日本时,曾指着空中飞着的大气球对萧红说,那是某商店的广告,那个商店离学校不远。萧红便记住了。

萧红有一次坐车,坐着坐着,坐错了站,下了车,却不知道该往哪里走,抬头看天上飘着的大气球,像一个路标在指路。萧红奔着大气球摸索过去,果然找到自己熟悉的商店,又寻到学校,再顺着学校往家的路走,安然回到住所。

她觉得人生有时候就像是一个人的探险,当年自己从家奔逃出来,流浪的时光太多艰难,未来不可知,食宿亦无着落,如今自己竟然独自来到日本,这更广阔的天空任自己驰骋着,心是欢喜的。

东京十一月份的气温比起哈尔滨并不算冷,萧红的日语有了进步,一个人的屋子里,生了盆火,她坐在火盆旁,烤着火,读着书,屋子里暖暖的,空空的,只有灯光将影子映照在墙上,人对着影子,连邻居的说话声也没有,这种空寂寂,会使萧红生出许多想法,但她想捉住这些念头,却倏然消失,无边无际,只好发一会儿呆。

有时，萧红在夜里又睡醒了，看着黑黑的窗棂和空空的四壁，她想着，对于一个年轻有热情的人，这是绝大的残酷，但对于自己还好，人到了中年总是能熬住一点儿火焰的。

她还会买一些喜欢的花插在花瓶中，让屋子因生着新鲜的花而显得朝气蓬勃，渐渐地，花也不买了，酒也不太想饮了。居留日本的时间长了，一个人的生活也渐渐习惯了。

人总是会生病的，况且萧红的身体一直都不大好。这天，她夜里又发起烧来，嘴唇因为发烧起泡，破掉，她精神烦躁，把工作停了下来，看看墙上买的三幅图画。东墙上一张，北墙上一张。一张是一男一女在长廊上相会，廊口处站着一个弹琴的女人；还有一张画的内容是关于战争的：在一个破屋子里，花瓶被打碎了，军人喝了酒，穿着绿裤子在跳舞。

萧军曾经参过军，萧红看这幅画的时候，或多或少地便仿佛看到萧军立在自己面前似的。

萧红最喜欢的是第三幅画，图上画着一个小孩睡在檐下的椅子上，靠着软枕。旁边来了的大概是他的母亲，在栅栏外，肩膀上扛着大镰刀的大概是孩子的父亲，檐下是有着方块石头的廊道，远处是微红的晚霞，茅草的屋檐，檐下格窗开着，孩子安静地垂着两条小腿。这幅画使萧红回到了自己的童年时光，看画中的小孩仿佛看到了曾经的自己。

几个月过去了，寂寞可以忍受，病痛也能够承受，鲁迅的逝世，使萧红悲痛不已。她不仅写了纪念鲁迅先生的文章，还不时写信叮嘱萧军去探望许广平。

萧红在日本还遭遇了警察搜查、地震和火灾等一系列状况。

日本是多地震国家，经常会有一些小地震，这对她并不造成影响,但有一次,长达两三分钟,房子咯咯地响,钟表在墙上摇,天还未明,萧红开了灯,也被震灭了,她被惊醒后,懵懂地穿着短衣裳跑下楼去,房东逃也似的往楼下跑,隔壁的老太婆叫唤萧红快跑,看她门开着人却不回答,等她跑下楼才看到萧红已经在楼下,大家大笑了一场。

面对突发事件,萧红也变得淡定多了,她已然适应了独在异乡的生活。

1937年1月4日,萧红写信给萧军说起隔壁的火灾,语气就更淡然了:"新年都没有什么乐事可告,只是邻居着了一场大火,我却没有受惊,因在沈女士处过夜。"

萧红完全适应了日本的生活,更加独立了,并且胃也好了许多,很能吃,她会想到曾经自己和萧军过穷日子,就连吃块面包皮也是开心的,点心之类不敢买,买了就放不下。日本的饭没有油水,早饭一毛钱,晚饭两毛钱,中午两片面包一瓶牛奶。消费水平提高了,萧红能吃了,看来胃病变好和正常健康饮食有很大关系。

她身体上的饥饿没有了,但是闲饥难忍,一个人在日本,精神上的饥饿不能忍,她也忍了下去。

她对生活、对未来、对事业充满希望,也有着远大的目标,她更明白,人若只靠着远的和大的来生活是不行的,虽然生活是为着将来而不是为着现在。

月亮照常升起,这月光似乎是一只温柔的手,又如脉脉含情的目光,照耀着萧红安居所。

窗上洒满着白月的当儿,我愿意关了灯,坐下来沉默一些时候,就在这沉默中,忽然像有警钟似的来到我的心上:"这不就是我的黄金时代吗?它是那么自由。"

她在月光下,摸摸桌布,摸着藤椅的边沿,把手举到面前,模模糊糊的,但认定这是自己的手,而后再看向那纤细的窗棂。在日本生活的日子仿佛都不真实,但自己实实在在地就在日本。

自由且舒适,平静而安闲,经济一点儿也不窘迫,这真是自己的黄金时代。萧红对着满窗白月光,想着自己的平安,她在心里又爱这平安,又怕这平安。

萧红的思想和情感都发生了很大变化,她不再依赖萧军,渐渐变得坚强、独立,这是满窗白月光馈赠给她的礼物——勇敢。

在孤独中成长,在孤独中思索,她能够应对后来面临的许多变故,坦然地与萧军提出分手,勇气便是在旅居东京的这段时间里培养起来的。

第六章 回归还是放逐

那回不去的故乡,在萧红心里,越发重了。故乡的土地哺育了她,呼兰河的河水滋养了她。这故乡的山水、草木、人群都曾与自己息息相关,"戍鼓断人行,秋边一雁声"。此时,战争的号角在吹响,思念故乡的心仍默念着"露从今夜白,月是故乡明"。

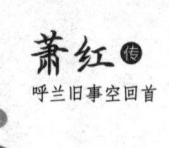

呼吸是云，愿望是空

> 快快长吧！长大就好了。
>
> ——《永久的憧憬和追求》

苏轼忆旧，提笔便是"长记鸣琴子溅堂。朱颜绿发映垂杨。如今秋鬓数茎霜。"苏轼感叹曾经红润颜容，乌黑头发可以映照垂柳，那时多么年轻，多么美好，如今已有数根鬓发白得就像霜雪，不自觉中到了老境。

岁月过去，人会老去。但是回忆旧时岁月时，那些童年时光，那些过往片段，总会纷纷涌上心头，这是人之常情。

萧红也时常追忆旧时岁月。萧红的童年生活中，对父爱的感受是稀缺的。在她眼里，父亲对待仆人，对待儿女，对待祖父，都是吝啬、疏远甚至无情的。

有一年，新年将至，家里家外都准备着过年的东西，充满喜庆的院子里，父亲手里牵着几匹拉着马车的马来到屋前。

"哪里来的马？"萧红正在纳闷，父亲已经说话了："那些交不起租金的租户，就用马车来抵债。"

父亲眉毛竖着，眉间的"川"字纹更深了，像一个巨大的感叹号。

可是，房客们指望着这马车做生意、赚钱，这车一拉走，他们的日子怎么过得下去？萧红心里很担心，她的手不由握紧了祖父的手。

这时，一群女人、孩子在祖父面前跪下来，女人头发凌乱，脸色灰白，孩子也随着女人的哭泣声，埋着头，跪下去，他们卑微地请求祖父能够高抬贵手，给他们留下赚钱的生路。

"唉……"祖父叹了口气。

那些可怜的租户见祖父很为难的样子，就不再求他了。院子里的声音都远了，只剩下那马车和马依然孤独地站在院前。

祖父此时走向马车，把两匹棕色的马从车上解下来，拉着马，往租户家中走去。

"这是干吗？您老糊涂了吗？那些人怎么值得同情？"父亲向祖父吵嚷着。

"两匹马，咱们是算不了什么的，穷人，这两匹马就是命根。"

父亲再怎么吵，祖父依然坚持将马还了回去。

萧红还记得，在九岁那年，母亲去世了，她偶然打碎了一只杯子，已经吓得不轻，可是父亲骂人更是厉害，到了使她发抖的程度。

正是因为父亲对她的态度如此无情，使得萧红害怕，所以，她看到父亲，总是小心翼翼的。好像父亲的眼睛会转弯，每从他的身边经过，萧红就像自己的身上生了针刺一样。

萧红喜欢和祖父待在一起。和祖父在一起，她开心、自由，有被呵护的幸福。

有一次，父亲打了萧红，萧红就来到祖父的房间里，面向窗子，看着外面的白雪无休无止地落着，心里也落着雪。

什么时候能长大呀，长大了，就可以独立自主了，翅膀也就硬了，可以飞得更高远了，就不会受父亲的苛责了。萧红心里盼望着长大。

祖父老了，祖父也不能保护萧红了。祖父看着这位失去娘亲，又不被父亲疼爱的孩子，他把皱纹很多的两手放在她的肩上，而后又放在她的头上。祖父对她说：

快快长吧！长大就好了。

1936年12月，萧红在异乡的冬夜里，在昏黄的灯光下，想起幼时童年那些阴暗的往事，又想想自己的目前生活，已经长大的萧红，能自食其力了。她早就逃出了父亲的控制，可是，却也一直还是过着居无定所的生活。回首这些年的风风雨雨，长痛短痛，不禁感叹："长大"是"长大"了，而没有"好"。

但她从祖父那里，知道了人生除了冰冷和憎恶，还有温暖和爱。她又想到了萧军，那个写信急着将她从日本唤回国的男子。有多少爱可以重来，如果可以，那就重来。

萧军给自己的温暖和爱，依然还在心中挥之不去，萧红想，我就向这"温暖"和"爱"的方面，怀着永久的憧憬和追求。

成熟的爱情，敬意、忠心并不轻易表现出来，它的声音是低的，它是谦逊的，退让的，潜伏的，等待了又等待。

分别半年，书信往来，那些字里行间的卿卿我我，那些热烈，那点浪漫，还有许多现实，何尝不是两个深深相爱的恋人之间的情深意长？

1937年1月，萧红的脚踏上祖国的故土，有些热泪盈眶。

天气依然寒冷，黄源和萧军以及东北的几位文友为萧红接风。觥筹交错，萧军只是淡淡地顺着大家的话，有一句没一句地接着。有时,他像在走神,又忽然回过神来。"来,喝酒!"他大声说话。

"怎么没见华夫人?"萧红奇怪。

在日本,萧红与许粤华相处虽然不长,但也是朋友。大家相聚,没有她在场,好像有些冷场。萧红问黄源:"华夫人怎么没来?"

"她临时有事了……"黄源很快把话题转移到别的方面。

饭后,大家挥手告别。萧红紧了紧大衣的领口,她跟着萧军亦步亦趋,上海的天气与哈尔滨比起来,要暖和得多,萧红却感觉到一丝凉意。

敏感的萧红感觉到来自萧军的疏离和客气,半年来的分别,哪有小别胜新婚的兴奋?他像一个领路人似的,领着萧红来到了新的居所。

房子又换了地方,是在吕班路(今重庆南路)256号,是一家由俄国人经营的家庭公寓,漂亮的西班牙式楼房,房间宽敞明亮,较之从前的住处,甚至在日本住的小屋要好得多。

第二天一早,萧红便想去鲁迅先生家看望许广平。

萧军带着她来到了新的地方,上海霞飞路霞飞坊64号。

"许先生家也搬了?"萧红有些惊讶。她怀念着大陆新村鲁迅先生曾经的家,那个她无数次光顾的地方,那里有着鲁迅先生留下的痕迹。萧红想再一次走进那个家,去追忆自己敬爱的鲁迅先生。

"我担心许先生睹物思人,太沉浸在旧日悲伤里,况且,国民党也会有人骚扰那里,所以替她物色了清静安全的新居。"萧军解释。

走的时候,鲁迅还在。回来的时候,鲁迅先生已经走了整

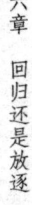

整三个月了。

天气阴沉，万国公墓一片萧条，在那长满青草的墓园里，几个高高矮矮的身影由远及近，来到鲁迅先生的墓前，这几个身影便是萧红、萧军、许广平和她的孩子小海婴。

照片上的鲁迅先生静静地看着一行人的到来，面容上还带着微笑。萧红满眼含泪，凝视着鲁迅先生的照片，她有许多话想对鲁迅先生说，可是，只有风声在呜咽，只有林涛在低泣。萧红俯下身子，垂着头，对着鲁迅先生的墓地深深鞠躬，她将手中那束鲜花轻轻地放在墓基前。

萧红的心没来由地疼着，自从祖父离去之后，她从未有过这样的心痛。在她的生命中，这位像祖父一样疼爱她、帮助她的恩师也离去了，长眠在这个陌生的地方了。自己长大了，却没觉得长大的好处来，自己爱的人，也疼爱自己的人，一一离开着，自己依然像无根的浮萍似的漂泊着。

自从鲁迅先生离去之后，萧红的心也像空了一个角，她总觉得那里漏着风。

她写了情真意切的《拜墓诗——为鲁迅先生》：

……
你死后我第一次来拜访你。
我就在墓边竖起了一株小小的花草，
但并不是用以招吊你的亡灵，
只是说一声："久违。"
……
我哭着你，
不是哭你，

而是哭着正义。

你的死，

总觉得是带走了正义，

虽然正义并不能被人带去。

我们走出墓门，

那送着我们的仍是铁钻击打着石头的声音，

我不敢去问那石匠，

将来他为你将刻成怎样的碑文。

萧红还没有从鲁迅先生逝世的悲伤情绪中走出，她与萧军的感情又出了问题。

萧军越来越让人捉摸不透，他不再耐心陪伴萧红，他总是离家出门，萧红明显地感觉到，萧军的心在外面。

好久没有见到许粤华，萧红闲来无事，想去看望她。这天，她还没有进入楼梯口，就听到黄源和许粤华的争吵声，中间还夹杂着萧军的争吵。萧红停住了脚步，她从这些争吵中听出了事情的端倪。

她这才明白，为什么萧军急着叫她从日本回来，她才知道，在她离去的日子，自己心爱的男人这一次恋上了朋友黄源的妻子、自己在日本时的伙伴——许粤华。

人世浮沉，情海无岸。上海天气阴郁，萧军整日借酒浇愁，而自己忍气吞声，把受伤的尊严隐藏好，装作没事的样子，这是多么痛苦的事。

相聚不易，相处更难。萧红承担着所有的家务活，同时，她还帮助萧军整理、抄写文稿。她不停地忙碌，不断向约稿的刊物撰写稿子，甚至出去参加各种活动。她还表现出微笑的样子，内心的暗潮却挡不住激流。

夜阑人静，萧红难以入睡，自己憧憬的无非就是"温暖"和"爱"。这些年，自己一直追寻的，坚持与萧军相依相守的，内心贪恋的，是在自己最危难时彼此之间保有的那份真情。

萧军却将她的心捅破了一个洞，又捅破了一个洞。千疮百孔的心，怎么去填补？怎么才能让寒风不再涌入？

呼吸是云，缥缈无依。

愿望是空，寒彻心扉。

她只有用不停地写作来充实自己的内心，《沙粒》《永远的憧憬与追求》《感情的碎片》……纷纷从笔端流淌向纸间，字里行间，都浸透着萧红心底的眼泪与悲苦。

萧红经济上已经非常独立，因为上海文艺界许多刊物向二萧约稿，但萧军对萧红的文学成就嗤之以鼻。一次萧红在内屋就寝，萧军在外屋和几位友人闲聊，以为她睡着了，谈到她的散文，他们说："虽然她写的文章很优秀，但也有很多要改正的缺点。""结构也不坚实。""她写的散文有什么好呢？"……这些话全都传到萧红耳朵里。

萧红与萧军之间矛盾渐深，她决定搬出去和萧军分开生活，便四处打听哪里有空房出租。有私人画院招生，她便报名参加，离家搬至画院。不出几天，便被萧军的朋友找到。画院得知萧红未经家人同意出来学习，亦不接收，萧红又被带到萧军身边。

萧红内心忧郁，对待感情上的事，朋友大都站在萧军一方，她只能找许广平倾诉苦闷，许广平只能默默陪伴，耐心开导，亦无别的办法。

为排遣心中的郁闷和伤感，萧红决定再一次离开萧军，到北平去住一段时间。萧军并未阻拦，此时，弟弟也在上海，萧红希望弟弟与她同去，弟弟未允，萧红又一次独自离开上海前往北平。

萧红来到北平，安定好住处，便寻找旧时友人。当年萧红离家出走在北平读书时，李洁吾倾力帮助过她，她从李荆山那里得知李洁吾的情况，便前往拜访。在北平，她还见到了很多老友，包括舒群。于是舒群、李洁吾、萧红三人便经常相约出游，去公园划船、散步、去影院观影、畅游长城……生活过得颇是安顺。

萧红离开时，萧军已与许粤华断了情缘，朋友亦渐稀疏，倍感寂寞。当萧红在北平写信给他，他很快回信，内容情意绵绵：

> 昨夜，我是唱着归来，
> ——孤独地踏着小雨的大街。
> 一遍，一遍，又一遍……
> 全是那一个曲调：
> "我心残缺……"
> 我是要哭的！……
> 可是夜深了，怕惊扰了别人，
> 所以还是唱着归来：
> "我心残缺！……"
> 我不怨爱过我的人薄幸，
> 却自怨自己的痴情！

他们频繁地书信往来，仿佛又重新恋爱起来，萧军在信中饱含思念，并将自己的日常生活、写作计划都向萧红诉说，萧红始终深爱着萧军，对他的甜言蜜语难以招架。

既然感情未逝，相见自是必然，萧军原拟要去北平与萧红相聚，因有事在身，5月12日，他写信给萧红："我近几夜睡眠又不甚好，恐又要旧病复发。如你愿意，即请见信后，束装来沪。"在13日的日记中写有："昨晚吟有信来，语多哀怨，我即刻去信，要她回来。"

萧红读信之后，即刻做回程的准备，对朋友们的热情挽留全然不顾，心里全是对萧军身体健康状况的担心。

1937年5月中旬，萧红离开北平回到上海，一个多月的分别，再次相守，萧军此次内心充满喜悦，在22日的日记中写道："吟回来了，我们将要开始一个新的生活。"

有一个国度是灰色

家乡这个观念，在我本不甚切的，但当别人说起来的时候，我也就心慌了！虽然那块土地在没有成为日本的之前，"家"在我就等于没有了。

——《失眠之夜》

"操吴戈兮被犀甲，车错毂兮短兵接。旌蔽日兮敌若云，矢交坠兮士争先。"屈原的《国殇》描写的战场杀敌的壮烈场面似乎很遥远，只在书中与想象中存在，萧红不曾深切地意识到，战争离自己竟然这样近。

"卢沟桥事变"，中国抗日战争全面爆发，战火蔓延，生灵涂炭。很快,"八·一三"淞沪抗战爆发,上海也成为抗日战场。

战争刚刚爆发之时,萧红对于战事情况还在懵懂之中。她用那双苍白的手,卷起纱窗来,原本蓝色的天空,现在却是灰的。平时,她也常见有飞机在天空中飞过,现在她眼中所见的飞机却是生疏的。和平常飞机的翅膀一样,有大的也有小的,连轮子也看得见,这些飞机飞得很慢,在云彩的缝隙闪过就不见了踪影。

飞机越来越多,在天空闪着银白色的光,发出巨大的轰鸣声,萧红在夜里也听得见,在她听来,"节拍像唱歌的,是有一定的调子,也或者那在云幕当中擞下来的声音就是一片。好像在夜里听着海涛的声音似的,那就是一片了"。

看着这些成群结队飞过天空的飞机,萧红的心里起初是很慌的。

过去了!过去了!这一群一群的飞机在天空飞过,她看得多了,心也渐渐平静下来。

对于战争的到来,她的心里也涌上一阵又一阵的念头:这是很坏的事情,日本人没有止境地屠杀……

风吹过游廊,萧红拿在手里的餐具,感到了沉重,一个小白铝锅的盖子"啪啦啪啦"地掉下来了,在游廊上"啪啦啪啦"地跑着,萧红惊醒过来,追上那锅盖,盖在锅子上,把它送到了厨房。

到处都是一些"轰轰"的回音,虽然看不到炸弹降落大地,但她知道祖国的土地在日本人的炸弹下伤痕累累。隆隆炮声中,她仿佛看到勇敢的战士为国捐躯,她从飞机的轰炸声中醒悟过来,窗外的炮声不是瞬间即逝的烟花,一场日本全面侵华的血腥战争已经爆发了。

萧红此时并不知晓当前空战的具体情况,"八·一三"事变爆发这天,国民政府航空委员会令驻在河南周家口的空军第四大队前往杭州,积极支援淞沪会战。

8月14日下午,二十七架寇蒂斯"HawkIII"式歼击机先后起飞,自周家口机场飞抵杭州笕桥机场,与十八架来自台北松山机场的日本海军鹿屋航空队轰炸机进行空战。

日军自松山机场起飞后兵分两路,九架轰炸笕桥,九架轰炸广德,我国空军捷报传来,击落日本飞机三架,中国空军并无损失,1940年,国民政府正式把这一天定为"空军节"。

萧红此时心乱如麻,她转过头,眼中是自己生活的这平静的家,桌上绿色的台灯伞罩上还画着菊花,箱子上散乱的衣裳,平日弹着的六条弦的大琴依旧是安静地站在墙角。此时此刻的家和平常一样,只有窗外的云和平日有点不一样,桌上的短刀和平日有点不一样,紫檀色的刀柄上镶着两块黄铜,没有装在红牛皮色的套子里。

萧红看着这刀,自己不会拿着这短刀赴前线的,但是在民族生死存亡的关键时刻,自己也不能再沉溺于个人的儿女情长中。她告诉自己,要以战斗者的激情和姿态,以笔作武器投入拯救民族危亡的斗争中。

她笔不停挥,写下了一系列纪实性的散文。"八·一三"事变的第二日,她写下了《天空的点缀》。17日,又创作出表现上海民众同仇敌忾奋勇抗战的《窗边》。23日,写下了记叙自己对于中国全面抗战爆发内心感受的《失眠之夜》。

时局越发动荡不安,战火纷飞,萧红充满了对故乡的思虑。

白天,窗子外面的天空高远了,和白棉花一样绵软的云彩低了近了,吹来的风好像带着点草原的气味,秋天到了。

萧红想着在家乡那边,秋天最可爱。呼兰河畔的家乡,那蓝天蓝得有点发黑,白云就像银子做成的一样,就像白色的大花朵似的点缀在天上……

朋友们聚在一起,大家都在谈论着这场战争:

"这回若真的打回满洲去,我得煮一锅高粱米粥喝。"

"咱家那地,豆这么大!"另一个朋友说着就用手比画着。

"若是真打回满洲,我可以吃到珍珠米了,老的一煮就开了花的,一尺来长的。"

还有的说高粱米粥、咸盐豆。

还有的说,若真的打回满洲去,三天两夜不吃饭,打着大旗往家跑。跑到家去自然也免不了先吃高粱米粥或咸盐豆。

朋友们都在谈论家乡,萧红想着家乡的高粱米很硬,又发涩,一点也不好吃。可是,大家都这么想念家乡的粮食,萧红也觉得非吃不可了。还有家乡门前的蒿草茂盛,后园里茄子开着紫色的小花,黄瓜爬上了架。一大清早,朝阳带着露珠一齐来了!

萧红想念着她和祖父的园子,想念那些蒿草和黄瓜。

萧军听大家议论,一边摆手,一边摇头:"不,我们家,门前是两棵柳树,树荫交织着做成门形。再前面是菜园,过了菜园就是山。那金字塔形的山峰正向着我们家的门口,而两边像蝙蝠的翅膀似的向着村子的东方和西方伸展开去。后园黄瓜、茄子也种着,最好看的是牵牛花在石头墙的缝隙爬遍了,早晨带着露水,牵牛花开了……"

"我们家就不这样,没有高山,也没有柳树……只有……"萧红常常这样打断他。

家乡,在此时显得这样清晰,这样亲切。

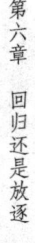

萧红 传
呼兰旧事空回首

萧红和萧军回忆着家乡风物，讲着自己的家乡风景，诉说自己的童年故事，彼此都好像是讲给自己听，而不是为着对方。

两人靠近着，他们看着萧军当初买来的《东北富源图》。黄色的平原上站着小马、小羊、骆驼，有牵着骆驼的小人；海上是些小鱼、大鱼、黄色的鱼、红色的鱼，好像小瓶似的大肚的鱼，还有黑色的大鲸鱼；兴安岭和辽宁一带画着许多和海涛似的绿色的山脉。

萧军指着那山脉，向萧红说："这是大凌河……这是小凌河……哼……没有，这个地图是个不完全的，是个略图……"

他又指着自己故乡的标志性河流，因为有的地方没有标出来，萧军的表情显得郁闷。萧红则在一旁继续扫他的兴："好哇！天天说凌河，哪有凌河呢！"

看萧红不信，萧军去翻书橱，去找别的地图，并把那标注得更详细的地图摊在地板上，一边用手将垂在额前的发丝扫过，一边指给萧红看："这不就是大凌河……小凌河……小孩的时候在凌河沿上捉小鱼，拿到山上去，在石头上用火烤着吃……这边就是沈家台，离我们家二里路……"

萧军热切地向自己介绍他的家乡，萧红的心里又沉郁了起来。

> 家乡这个观念，在我本不甚切的，但当别人说起来的时候，我也就心慌了！虽然那块土地在没有成为日本的之前，"家"在我就等于没有了。

即使自己当初离家出走，即使家乡人民愚昧落后，可是，自己生长了二十年的故乡，那里的一草一木，那里的风霜雨雪都带着特有的记忆,在萧红心头一一抚过。

《东北富源图》就挂在床头,清晨,萧军眼一睁,就看得见。他抓住萧红的手,又提及家乡:"我想将来我回家的时候,先买两匹驴,一匹你骑着,一匹我骑着……先到我姑姑家,再到我姐姐家……顺便也许看看我的舅舅去……我姐姐很爱我……她出嫁以后,每回来一次就哭一次,姐姐一哭,我也哭……这有七八年不见了!也都老了。"

这战火纷飞的时代,到处动荡不安,萧军对萧红说的那席话,让她感受到萧军对她的那份感情依然存在着。

这一次,萧红没有打断萧军的话,她认真地听着萧军的诉说:"买黑色的驴,挂着铃子,走起来……当啷啷当啷啷……"

萧军形容铃音"当啷啷当啷啷",在萧红听来,就像他的嘴里边含着铃子似的在响。

"我带你到沈家台去赶集。那赶集的日子,热闹!驴身上挂着烧酒瓶……我们那边,羊肉非常便宜……羊肉炖片粉……真有味道!哎呀!这有多少年没吃那羊肉啦!"

萧红说:"你们家对于外来的所谓'媳妇'也一样吗?"

她想,自己即便跟萧军去了他的故乡,但买驴子的买驴子,吃咸盐豆的吃咸盐豆,而她自己呢?坐在驴子上,所去的仍是生疏的地方,自己停着的仍然是别人的家乡。

这使她一夜失眠,而这一夜,远处的炮火声的回音时时响起,天越来越亮,在高射炮的巨响中,她也听到了一声声和家乡一样的震动在原野上的鸡鸣。

想着那回不去的故乡,萧红心情越发沉重了。故乡的土地哺育了她,呼兰河的水滋养了她。这故乡的山水、草木、人群都曾与自己息息相关,"戍鼓断人行,秋边一雁声"。

萧红传
呼兰旧事空回首

战争的号角在吹响，思念故乡的心仍默念着"露从今夜白，月是故乡明"。

紧贴的心

> 那紧贴在兵士胸前的孩子的心跳和那兵士的心跳，是不是他们彼此能够听到？
>
> ——《火线外（二章）》

淞沪会战，前线战士以血肉之躯，筑成壕堑，勇敢抗敌。到处炮火连天，繁华的上海危在旦夕，在这兵荒马乱的年代，许多刊物都停刊了，国难当前，人人自危。胡风和上海爱国同人要创办一份抗战刊物，胡风初定刊名为《抗战文艺》，但总觉太直白，不太合适。

八月的一天，在隐隐约约的炮火声和头顶轰鸣的飞机声中，胡风邀请萧红、萧军、曹白、艾青、彭柏山、端木蕻良等作家商议筹办刊物事宜。

大家神情凝重，都陷入沉思。萧红沉吟许久，提议，刊名就叫《七月》。纪念七月抗战的爆发，另外一层意思，七月流火，七月是一团熊熊烈火，激发全国人民的抗战激情，有象征意味，还有诗意。

大家一听，一致通过，手无寸铁的作家们，不能在枪林弹雨中奋勇杀敌、保卫祖国，他们想：那就让笔下的文字燃烧一腔爱国情！

上海的街头，到处都是伤兵。他们有的头上缠着绷带，有的身上流着鲜血，有的残着手臂或者腿……萧红小心地避让着从她身边呼啸而过的军车。

这些军车，曾是搬运货物的汽车，如今，车的四周插着绿草，在飞驰中，红十字旗在车厢上如火苗跳动着。一辆载着伤员的车沿着金神父路向南去了。远处有一个画着很大的红十字的白色的急救车厢，那里是接受伤兵治疗的临时处所，飘着旗子运载伤兵的车停下，便有人跟着拥了去。这送伤兵的车停了一下，不一会儿，那车又倒退着回来了。

萧红此时正行走在上海莫里哀路的人行道上，一辆插着绿草遮体的军车正好停在萧红面前。她旁边是个医院，医院门前挂着红十字的牌匾，迎接这些伤员的是临时救护员，她们穿着黑色云纱大衫，胳膊上戴着红十字袖章，萧红走近了，车上有一个手按着胸口的士兵站了起来，身上没有血痕，但脸色苍白，另一个腿部扎着白色的绷带，还有一个直挺挺地躺在车板上，他的手就像虫子的脚爪攀住树木那样紧抓着车厢的板条。

载着伤兵的车不止一辆，伤兵是从前线被送到这里接受治疗的。一位穿着绿色军服，肩头部分鲜血不断涌出来，衣裳被血浸湿一大片的伤兵站起来，用没有受伤的手去扶别的伤员。

战争让不相识的人也成为兄弟，相扶相持。一位女救护员爬上车来了，这所医院也已经人满为患，不能再收治伤员了，救护员只能上车先为重伤员处理伤势。

载着伤员的汽车，又启动着，倒退着，转个弯，围观的人群散开一条道路，看着车向另一家医院的方向奔去，萧红目睹那肩头受伤的伤员，从原来站起来的地方又坐了下去。

街上的行人在疾走,车辆在奔驰,伤员们一个接一个地从不同的地方运送来。萧红的心,产生了从未有过的震动。

这些肤色不同,被硝烟熏染得乌黑的脸,被泥土和鲜血浸染的身躯,因受伤而苍白的脸庞,还有那伤口露着的森森白骨,都让她为之震惊。

战争,就在不远处打响,每一位伤员却没有呻吟,没有呼叫,他们忍受着伤痛的折磨,却好像"正在受着创痛的不是人类,不是动物……静静地,静得好像是一棵树。"

路上的行人拥挤着招呼着,抱着孩子,趿拉着拖鞋,忙着逃难,使得路上"热闹"得很。萧红默默地向这些浴血奋战、遍体鳞伤的战士致以无限深沉的敬意。

抵御外敌,浴血奋战,"但使龙城飞将在,不教胡马度阴山",这是多少中华儿女的共同心愿。运载伤员的车,一辆接着一辆来了,又退去。

回到家,萧军正将头贴在窗子的边上,望着窗外。深夜宁静,有着暂时的平静,萧红想:北方枪炮的世界中,高高冲起来的火光中,战争越来越激烈了,虽然对这枪声,没有人会爱,但既然来了,就勇敢地去战斗。

九月,局势急变,鏖战继续,日军依靠强大的火力突破中国军队的防线,上海的文化人士纷纷举家逃亡。

如水的人潮中,萧红和萧军登上了前往武汉的轮船。萧红开启了人生的第三次流亡生活。

江水滔滔,人心惶惶。

逃难的人如过江之鲫,提着箱子的,卷着包裹的,扶老携幼的,萧红与萧军混在人群中,她小声地将嘴唇贴在萧军耳边:"你看那兵士腰间的刀子,总有点凶残的意味,可是他也爱那么小的孩子。"

她的目光追随着一位抱着孩子的兵士,那兵士在萧红看来应该是位军官,他身材高大,健壮,受伤的左手被一根带子吊在胸前。江风浩荡,受伤的军官慢慢地踱着步,黑色皮鞋的后半部分不时地被黄呢裤的边口埋没。他同另外一个人讲话的时候,那空着的,垂在左肩的,黄呢上衣的袖子,显得过于多余地在摆荡——隔一会儿就要抬一抬左肩的缘故。

短刀的环子碰撞着,声音清脆响亮,孩子不安分地动了一下,男子便将孩子往怀里紧了紧,孩子时时想要哭,他很小心地摇着孩子,把包着孩子的军外套隔一会儿拉一拉,或是包紧一点儿。

孩子安静下来,男子受伤的左手便会背过去,压在那刀柄上,像要随时拔刀迎敌似的。

那紧贴在兵士胸前的孩子的心跳和那兵士的心跳,是不是他们彼此能够听到?

孩子与兵士之间到底是什么关系谁也不晓得。《三国演义》里,赵子龙血战长坂坡,单骑救阿斗,那阿斗被系在赵子龙的怀里,也是这样的吧,但那不过是小说里的故事。萧红看着眼前军士与孩子在这艘前往武汉的船上,紧紧相贴,心里深深感动。

船上还有一些士兵,其中一位像未成年的孩子,看到他,萧红脑子里立刻想到了"小老鼠"这个形象。小士兵两颊从颧骨以下是完全陷下去的,因为瘦,嘴有点突出,耳朵在帽子的边下,显得贫薄和孤独。过大的帽檐越发显得他的瘦小和单薄。萧红从帽檐一直望到他黑色的胶底鞋,这小士兵左手受了伤,

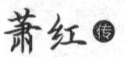

被一条挂在颈间的白布带吊在胸前，他穿着特为伤兵们赶制的过大的棉背心，而这件棉背心就把他装饰成一只小甲虫似的站在那里。

这些战士都是从战场上回来的，他们迎着战，受着伤，他们经历着血雨腥风，不管是抱孩子的兵士，还是那小小的兵士，都在渡轮上带着衰弱或疲乏的神情望着江水。

前途未卜，萧红背后是炙热的锅炉，她的胸前向着寒凉的江水。

在这战火纷飞的世界，个人的伤感是如此的渺小。萧红用她一双悲悯的眼看着发生的一切，用她一颗悲悯的心记住这一刻。

战争，侵袭着每个人，包括老人，包括孩子，战争的残酷，给人们带来的伤害，让每个人都如这飘摇在江中的渡船，在茫茫的黑夜中前行。

面对民族危亡，萧红创作热情高涨，挥笔写下多篇以抗日为主题的作品，《火线外（二章）》便是其中一篇，这些作品对宣传推动人民抗战起到了积极的作用。

第七章 梦里故乡，思念镌刻忧伤

"哪里！哪里！我们那边冬天是白雪，夏天是云、雨、蓝天和绿树……只是春天有几次大风，因为大风是季节的症候，所以人们也爱它。"

她心中的家乡白雪是美的，火烧云是美的，雨中的大泥坑也是有趣的，甚至祖父园子里的樱桃树也一下子闯到心底深处。

月光下的黑影

> 汾河永久是那么寂寞,潺潺地流着,中间隔着一片沙滩,横在高高城墙下。在圆月的夜里,城墙背后衬着深蓝色的天空。经过河上用柴草架起的浮桥,在沙滩上印着日里经行过的战士们的脚印。
>
> ——《汾河的圆月》

上海形势紧张,时局混战,武汉作为后方,生活相对平静。在前往武汉的客轮上,萧军意外遇见昔日在哈尔滨的老友于浣非,从他口中得知,由于武汉特殊的政治和地理位置,全国各地的人都涌入武汉,所以居所难寻,他介绍二萧去朋友那居住,朋友是一个诗人,名叫蒋锡金。

蒋锡金当时并没有读过《八月的乡村》以及《生死场》,但对这两位东北作家的名气也有耳闻,因为他们的名字经常见报。蒋锡金住的是两居室套房,他住书房,内室让给二萧居住。

三人在此,生活颇是愉快。过些时日,端木蕻良收到萧军的邀请信,信上说胡风、艾青、聂绀弩等人都已至武汉,就等他了。端木蕻良得知一起奋斗的左翼文学家朋友大都转战到了武汉,便也来了。当日,安排就宿问题,因不愿麻烦主人蒋锡金,萧军提出让端木与他们夫妻二人同铺而眠,他与端木蕻良同为辽宁的老乡，故颇为照顾端木蕻良，端木蕻良因旅游劳累，亦未过多推辞。

次日，萧红、萧军与蒋锡金商量，留端木蕻良在此居住。蒋锡金考虑自己在家的时间不多，也为了方便他们活动，就一口应承，并到邻家借来竹床、小圆桌，安排端木蕻良在书房住下。

平素，萧军买菜，萧红做饭，四人共同生活，亦算平静，但萧军时常打击萧红的自尊心，端木却表达他对萧红文章的赞美。

1937年11月间，国民政府的相关机构从南京迁至武汉，大批文人涌流至此，武汉一时成为中国战时政治、军事和文化的中心。萧红此时扩大了社会交往的范围，认识更多文化界的朋友，端木在蒋锡金家住过一段时日，便搬至小金龙巷。大家经常聚到小金龙巷畅谈。萧军依旧不顾友人在场，时时打击萧红的自尊，端木则更多地照顾萧红的感受，萧红与端木之间也走得更近了些。

1937年12月，阎锡山在山西临汾创办山西民族革命大学，李公朴任副校长。1938年1月，李公朴至武汉，希望聘请一批有名气的文人到山西任教。《七月》杂志的编写者们除胡风留守编辑，其余作家包括萧军、萧红和端木蕻良皆转移至临汾，民族大学在武汉招收学员上万人，乘铁皮的运兵车厢去临汾。

1938年2月，萧红和萧军来到了临汾，在民大担任文艺指导。

不久，丁玲率领的30多人的西北战地服务团和上海救亡演艺队来到临汾，小小的临汾城立即喧闹了起来。

各种有声有色的文艺活动热烈地开展起来，充满活力的青年教师将自己的热情与智慧，欢声与笑语带到了这座风尘与泥土时常光顾的小城。小城被注入了一股新鲜的力量，焕发出耀眼的光彩。

民大条件简陋,并无专门为老师配备的校舍。大家被分散安排住进了附近村子的老乡家。

萧红被分到一户人家居住。风一刮,连天黄叶便从枝头飘落,这很容易使人想起范仲淹的《苏幕遮·怀旧》:"碧云天,黄叶地,秋色连波,波上寒烟翠。山映斜阳天接水,芳草无情,更在斜阳外……"

望家乡,渺不可见;怀故旧,黯然神伤;羁旅愁思,追逐而来,离乡愈久,乡思愈深。在这异乡的热闹里,在内心思乡情绪中,萧红一边教书,一边写剧本,并参加演出。夜晚,萧红梦里辗转回故乡,心里深深忧虑,何日归故乡?

她来此之后,深知有些年轻人自离家后,从此杳无音信,连故乡也回不去了。街上,有一位老婆婆总是挂着拐杖,口中念念有词,沿街走着。那老婆婆的眼睛是瞎着的,枯枝做的手杖的尖端触到地上的黄叶时,让萧红想到,手杖碰触落叶的声音,像极了她曾经在家乡初冬清晨听到的,踏破了地面上结着薄薄的冰片爆裂的声音。

"你爹今天还不回来吗?"满头白发的老婆婆问身边路过的人。那白发,如同白银丝似的,她每走一步,那银线便在光芒下,微微地颤抖着。

路并不平整,到处都是落叶、瓦砾或沙尘,老婆婆的手杖落在上面,发着响,冒起一股烟尘。她摸索着,身子弓着,向前探着路,只要遇着人,总是问着相似的话:

"你爹今天还不回来吗?"

"你爹,你爹,还不回来吗?"

萧红很是好奇,这老人家为什么总是问这句话呢?

邻家人却淡淡地对萧红说:"她是个疯子!"

没有人同情这样的疯子,当老太太走到谁家门前,问"你爹今天还不回来吗"时,那家门并没打开,也没有人探出脸来安慰她一声。纸窗里是咯咯的笑声,或是问她:"你儿子去练兵了吗?"

老人说:"是去了啦,不是吗!就为着那卢沟桥……后来人家又都说不是,说是为着'三·一八'还是'八·一三'……"

萧红便明白过来,老人的儿子是出去打仗了,卢沟桥事变,孩子被征了兵,参加了抗日,如今大抵在外受伤了,也或者牺牲了,谁知道呢?

而那些与老人接话茬的人却会问:"你儿子练兵打谁呢?"

假若再接着问她,她就这样说:"打谁……打小日本的吧……"

那些逗弄老人的人,总是问着一些相似的话:"日本鬼子什么样子的?你没见过怎么知道?"

老人眼睛瞎着,心却是明亮的,她喃喃地说:"那还用看,一想就是那么一回事……东洋鬼子,西洋鬼子,一想就是那么一回事……看见!有眼睛的要看,没有眼睛也必得用耳听,看不见,还没听人说过……"

由大家的谈论里,萧红知道这老人原本并不是疯子,她的儿子去打仗,在军中受伤,又病死了。这个消息传到家乡,传到这位婆婆的耳朵里,像惊雷一样击中了这位苦命的娘,这位婆婆是从那时候就开始疯的。

汾河边上的人对于这疯子起初感到有趣,逗着她说儿子的事,问这问那,老婆婆也总是说:"他没死,他还活着呢。"

慢慢地,乡人便厌倦下来,接着就对她非常冷淡。

这些汾河边的人,也像家乡呼兰河边的人一样,别人的悲苦成了他们感兴趣的事情，并借此为谈资，说着无关痛痒的话。

这些悲苦只是这受难的老婆婆心中的悲苦，那些没有受过难的，自以为灾难还没有降临到自己身上，只晓得安心度日，并闲看别人的悲苦，以为趣事。

老婆婆的孙女小玉失去了父亲，小玉的娘也改嫁走了，小玉的祖父有着马铃薯一样的脸，像是浮肿，他提着水桶到马棚里去了一次再去一次。那呼呼的，喘气的声音，就和马棚里边的马差不多了。他对疯婆婆说："这还像个家吗？你半夜三更的还不睡觉！"

他们的儿子没有了，他的妻子疯了，他的心里悲伤成什么样子？

夜里，月亮升上天空来了，像是为归家的孩子照着亮。老人家的门是不关的，黑洞洞的门，像一张巨大的口，却又像一双眼睛，望着那黑沉沉的夜。

那门的眼睛也好像在注视着出去打仗的孩子离别的方向，等着孩子随时会回到家似的。

老太太倚着门扇站着，她的手杖就在蟋蟀叫的地方打下去，蟋蟀依然在叫着，而老太太拄着手杖就跑到汾河边上去，夜里，她就睡在汾河边上。

河水呜咽，像是一曲诉也诉不尽的哀乐。那里是儿子小时候曾游过的河，那是留着儿子笑声的河，这河水里，似乎响着孩子"咯咯"的笑声。

小玉从妈妈走后，那胖胖的有点发黑的脸孔，常常出现在村子里的水井边。这个没有爹娘的孩子，孤独地站在黄昏里，跟着祖父来井边打水给马喂水。

村子里静悄悄的，井边的马在喝水时，水桶里发出响声，马喝得很畅快,还喷着响鼻子。而小玉只是静静地站着,看着……有的时候她竟然站到黄昏以后。

有人问她:"小玉怎么还不回去睡觉呢?"她就用黑黑的小手搔一搔遮在额前的那片头发,而后反过来手掌向外,把手背压在脸上,或者压在眼睛上:"妈没有啦!"

直到黄叶满地飞着的深秋,小玉仍是常常站在井边;

祖母仍是常常嘴里叨叨着,摸索着走向汾河……

萧红在这座小城里生活的日子里,看着这里人的生活状态,好像回到家乡的小城。家乡的大泥坑,家乡的十字街,家乡那卖粉人唱着的凄凉的歌,都和这汾河边上的人的生活有着许多相似的地方。

她的心,也陷在这些沉寂中,有着说不清的悲伤。

汾河永久是那么寂寞,潺潺地流着,中间隔着一片沙滩,横在高高城墙下。在圆月的夜里,城墙背后衬着深蓝色的天空。经过河上用柴草架起的浮桥,在沙滩上印着日里经行过的战士们的脚印。

仰望天空,天空是辽远的,高的,不可及的深远的圆月在城墙的上方悬着。

那位疯婆婆——小玉的祖母坐在河边上,那位老人曲着她的两膝,嘴里似乎在轻轻地呼唤,那声音像夏夜的蛐蛐的叫声,并不清晰。

救亡小团体的话剧在村里开演着,那里灯火通明,激情洋溢,那里有人的欢笑声,雷鸣般的掌声,还有话剧中那些胜利的号角声。

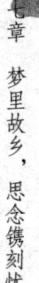

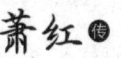

萧红 传
呼兰旧事空回首

村子是热闹的,狗的叫声是喧腾的,掌声如潮水一般涌过来,一阵接着一阵。汾河的边上仍坐着小玉的祖母,圆月把她画成深黑色的影子落在地上。

萧红目睹着这位老婆婆一家因为战争带来的苦难,他们那受伤的地方,滴着血,带着伤,在战争的硝烟中,越发破裂,悲苦。

这座城,也并不是安定的大后方。日军不断南下,作为南下咽喉的临汾,成为日军的一个重要目标。日军的飞机在天上无休无止地盘旋轰炸,临汾的大地在炮火和硝烟中,遍体鳞伤。

晋南战局急剧变化,民族革命大学刚刚开课一个月,面临着炮火的威胁,年轻的教师们怀揣报国志,却无缚鸡之力。

接到上级的通知,丁玲率领的西北战地服务团决定转移到运城,萧军却不愿与团北上,他执意要留下来打游击。

萧红此时发现有孕在身,希望萧军与她一起向西,前往西安。

萧军执意留下,投笔从戎是他少年时代的愿望,曾是军人的他,义正词严地道:"人总是一样的,生命的价值也是一样的。战线上死了的人不一定全是愚蠢的……为了争取解放共同奴隶的命运,谁是应该等待着发展他们的'天才',谁又该去死呢?"

"你简直……忘了'各尽所能'这宝贵的言语;也忘了自己的岗位,简直是胡来!……"

"我什么全没忘。我们还是各自走自己要走的路吧,万一我死不了——我想我不会死的——我们再见,那时候也还是乐意在一起就在一起,不然就永远地分开……"

非常时期,有孕在身,爱人却要分离,这叫人无法理解。月光之下,一切都似乎平静无波,一切都改变了原来的轨迹。落叶已经归根了,四季轮回,冬天到了,一些逝去的日子是再也追不回了。

望极天涯不见家

"在我们家乡那边都是平原,夏天是青的,冬天是白的,春天大地被太阳蒸发着,好像冒烟一样从冬天活过来了,而秋天收割。"

——《无题》

"秦中花鸟已应阑,塞外风沙犹自寒。" 唐代王翰在《凉州词二首·其二》中抒发着战士们在边关忍受苦寒,恨春风不度,转而思念起故乡明媚、灿烂的春色春光来的感情。

1938年3月1日,萧红跟随丁玲的西北战地服务团,自风陵渡过黄河,抵达陕西潼关。丁玲接到总部命令,不必回延安,去西安,在国统区开展抗日宣传工作。

萧红在奔赴西安行车途中,夜宿湖边,清晨醒来,北方雨后的湖面一片雾霭。阳光还没有出来,天空阴沉沉的,干燥的空气带着许多水分,使得一切都有了些南方才有的湿润气息。

她站在这陌生的地方,一路上弥漫的风沙,这旷荡的大地,干燥的空气都使她感到生疏。

同行者众多,端木蕻良、聂绀弩、塞克、艾青、田间等随同丁玲奔赴西安。

南方来的作家言谈举止中都透露着对这北方气候的厌恶。但每每走在路上,同行的诗人一边憎恨这天气,却一边在扬声高歌，他们说："伟大的风沙啊！"

黄河地带的土层一层接着一层，无边无际的黄土地遮挡了他们的视野，有人感叹："这也叫大地？"

路上，随时会起一阵狂风，行路难，难于上青天，这行路中的艰难，却也是生活的体验，作家们起初的兴致被这漫天的风沙吹得无影无踪，连呼吸都会将风沙吸入，大家只好用手或者布巾遮住嘴捂住鼻子，想讴歌这伟大的行程，却也只能"这这这……"说不出什么激情的诗来了。

萧红想：北方对于他们的讴歌也伟大到不能够容许了。

每当风停，天高路远，一行人又能睁眼看前路，大家又会将视线投向这陌生的土地，而嘴上依然会不时冒出一些讴歌这黄土地的诗篇来。

一位喜欢作诗的朋友，一边擦着被风沙伤痛了的眼睛一边问萧红："你们家乡那边终年就是这样？"

萧红的心，立刻便回到了自己呼兰河畔的家乡。

家乡是美的，即使她很少对别人提及家乡，可是当别人问起，她便毫不犹豫并且自豪地向人家诉说起家乡的美来。

"哪里！哪里！我们那边冬天是白雪，夏天是云、雨、蓝天和绿树……只是春天有几次大风，因为大风是季节的症候，所以人们也爱它。"

她心中的家乡白雪是美的，火烧云是美的，雨中的大泥坑也是有趣的，甚至祖父园子里的樱桃树也一下子闯到心底深处。

春天的几次大风，那是冰城解冻的信号，那也是春天的鸣奏曲，家乡的风，也叫人们爱它。

在这往山西去的路上，萧红指着火车外边的黄土层，语气带着一种甜美和怀旧：

"在我们家乡那边都是平原，夏天是青的，冬天是白的，春天大地被太阳蒸发着，好像冒烟一样从冬天活过来了，而秋天收割。"

这一年四季的家乡啊，都长在心里了，虽然行走在异乡的路上，虽然离开家乡好些年了，一提起家乡，呼兰河的山山水水，又如影随形，才下眉头，却在心上。

萧红聊家乡的兴致还没减弱，对方已将视线又落在那茫茫的旷野中去，并不很注意听了。

"东北还有不被采伐的煤矿，还有大森林，所以日本人……"

说起家乡也在日本人的铁蹄之下，她的心沉重了起来。这里与自己家乡是两种完全不同的风格，望极天涯，自己只是过客，离家越来越远，家乡现在是怎样的情景呢？

大家抵达西安后，由塞克整理出剧本，取名《突击》，交给战地服务团进行排练。塞克当时为中华全国戏剧界抗敌协会理事，组织救亡表演剧第一队，到西北地区宣传演出。

3月16日，《突击》隆重公演，引起轰动。中共副书记周恩来也观看了演出，并在凯丰的陪同下，接见了丁玲、塞克、萧红和端木蕻良一行，并与大家合影留念。

4月初，萧军离开民族革命大学奔赴延安。在延安，萧军遇到至延安办事的丁玲和聂绀弩，又随他们到了西安。萧红向萧军正式提出分手。曾经"相看两不厌"，现在却只一句"分手"，从此萧郎是路人。

萧红在西安和八路军伤残兵们同院住着。她与这些受伤的战士们朝夕相处，积累着写抗战文章的素材。

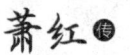

这一天萧红看到一个受伤致残的女兵，她就问别人："她也是战斗员吗？"那人的回答非常含混，说也许是战斗员，也许是女救护员，也说不定。大家都是来自五湖四海，在抗战中受伤，牺牲很正常。

她转过眼，看那腋下支着两根木棍，同时摆荡着一只空裤管的女人，她的身影转眼被一堵墙遮没，但她腋下白白的木棍仿佛在萧红眼前晃着晃着，像一个个受伤的音符，敲击着萧红。

她想：那女兵将来也要做母亲的，孩子若问她："妈妈为什么你少了一条腿呢？"妈妈回答，是日本帝国主义给切断的。但作为一个母亲，当孩子指问到她的残缺点的时候，不管这残缺是光荣过，还是耻辱过，对作为母亲的人来说，都会成为灼伤。

萧红经历着战争，逃亡，被弃，拯救，分手，抗战……这些苦难经历也丰腴了她的思想。她现在的写作已不仅仅是为了稿费或者名誉问题。自己作为一位优秀的作家，是从灵魂而后走到本能的作家，优秀的作品是一种唤醒，而写作，对自己来说，则是一种信仰。

除了她亲眼所见的这些离开故土的作家、伤员，还有许许多多逃难的人民，她与他们一样经历着苦难，感受着危险，体验着困顿、不安……

背井离乡，望极天涯，何处是故乡？

《呼兰河传》的大纲已完成，奔波，在路上！故乡，在笔下……

怅惘情如旧

> 这里的一切是多么恬静和幽美,有田,有漫山遍野的鲜花和婉转的鸟语,更有澎湃泛白的海潮,面对着碧澄的海水,常会使人神醉的,这一切不都正是我以往所梦想的佳境吗?然而呵,如今我却只感到寂寞!
>
> ——《致白朗》

瞿秋白与鲁迅因志同道合引为知己;贾岛与韩愈因"推敲"成就千古佳话,元稹与白居易患难见真情……人生得一知己足矣,斯世当以同怀视之。

大多数女子也总会有几位闺中密友,"万人丛中一握手,使我衣袖三年香"。互相懂得,无话不说,同甘共苦,情投意合。

对于萧红这样辛苦漂泊着的人来说,人生所遇朋友众多,但可以于危难中去寻求帮助的,能够将自己的心事诉说给她听的朋友寥寥无几,白朗是一位。

她们的相识相知,始于1933年的哈尔滨。萧红和白朗在哈尔滨得以亲密交往,是在《夜哨》写稿阶段。

白朗以弋白等笔名在《夜哨》发表散文和小说。她的中篇小说《叛逆的儿子》连载了11期,萧红的作品刊载了13期。《夜哨》共出刊21期,因为发表的作品内容引起日本特务机关的反感,

1933年12月24日被勒令停刊，但两人却因文生情，惺惺相惜。

时过境迁，1938年4月，萧红和萧军在西安宣布分手后，萧红与端木蕻良返回武汉。5月，两人在武汉结婚，此时，她怀着萧军的孩子。

1938年7月26日，日军攻占九江。8月，第九战区拟定保卫武汉的作战计划，市民开始撤退。武汉大学停课，学生疏散，形势恶化，许多文人担起战地记者的职责，深入前线，撰写战报与通讯。

武汉的战事尚未开始时，端木蕻良便在全国文协的《抗战文艺》上，发表了《为保卫大武汉而控诉》。武汉保卫战开始后，他得到萧红的支持，与《大公报》主编王芸生联系，准备作为《大公报》的特约记者去战地采访，大撤退开始后，因《大公报》已无意再增加采访人员而作罢。

萧红和端木蕻良决定前往重庆，因当时船票紧张，托友人只购得一张船票。端木蕻良欲将票转让他人，待购得两张，共同前往重庆。萧红认为船票太紧张，自己孕体笨重，让端木蕻良一人先至重庆，找好住处。当时，田汉夫妇也将前往重庆，其夫人安娥表示田汉办法多，让萧红和他们一起走，女性之间也便于照顾。

端木蕻良先行来到重庆，难寻安身之处，几经周折，通过复旦大学教务长孙寒冰的帮助，住进开昌街黎明书店的楼上、复旦大学所办《文摘》杂志门市部的单身职工宿舍，并安排他在复旦大学新闻系当兼职教授，每月可有几十元的课时费，以解决生计问题。

他还与复旦教授靳以合编《文摘战时旬刊》，以文艺专版的形式与《文摘》一同发行。

安顿下来之后，他便想方设法为萧红寻找住处，费尽周折，终有着落。萧红带着孕身，历经磨难来到重庆，先借住在端木蕻良南开中学同学范士荣家，范太太对她照顾得也很周到。

萧红暂住于此，虽然面临生产，却勤奋写作，短短一个月，写出《鲁迅先生记》《朦胧的期待》等。

11月，萧红已进入了临产期，重庆此时已陷入战时混乱，物资紧缺，医院条件差，端木蕻良亦无能力照顾她，她决定去好友白朗家待产，白朗家住在重庆江津白沙镇，她有过生育经验。

白沙古镇位于重庆市江津区西部，距江津城区45千米。白沙位于长江边，有一千七百多年历史，自古也是交通要阜，繁华一时。早在东汉就有人聚居，元代设镇。抗战时期白沙作为陪都重庆的后方，成为陪都三大文化区之一。

白朗收到萧红的电报，想着好友将至，心情十分激动。她在白沙镇码头翘首遥望，烟波江上，客轮一点一点驶了过来。

"呜呜——"汽笛发出一声长鸣，客轮即将靠近码头，白朗已经迫不及待抢先登上船。

"廼莹——"白朗双手拉住萧红的手，话未出口，泪已涔涔流下。

眼前的萧红，哪里还是曾经那位意气风发的女子？她高高凸起的肚子、憔悴的脸庞，无奈而寂寞的神情都使白朗心如刀绞。

白沙镇石坝街，听起来似乎不远，要抵达白朗的家，却需要通过朝天嘴的77级石阶才能到达。

萧红行走艰难，迈步费劲，细心的白朗为行动不便的萧红在码头上租了一乘滑竿，自己跟在轿子后面，沿上山的步道拾级而上，"叠叠云梯三百步，莺声迎我上天来"的意境对于初到重庆的萧红来说，并未感受得到。

这里的建筑让她左顾右盼，寺庙显得古朴、厚重；小路边的民宅显得幽深、宁静；简练、轻盈的小楼；朴素、粗放的传统民居……不同风格的建筑，在这里融合，自然和谐。小镇上浓浓的川渝巴蜀民风让萧红暂时忘记了路上的劳顿和疲劳。

重庆卫戍总部在白沙镇设立重庆市户口疏散白沙指挥所，省内外一批机关、工厂、学校纷纷迁建到此。白沙镇此时是抗战大后方的一个经济文化重镇，许多文人志士都来到此地。

"到家了，廼莹。"当她们过了石阶又走过一条长长的斜坡，到了家门口，白朗叮嘱着轿夫"小心点，慢些，放平稳了"。她扶着萧红一步一步走进家门，这一对来自东北哈尔滨的患难姐妹，此时细细地聊起了自武汉分别后的情况。

萧红将自己和萧军分手，与端木蕻良结婚的经过向白朗细细诉说。

白朗一边听一边流泪，当她得知萧红怀着萧军的孩子，却与萧军分手了，白朗忍不住紧紧抓住萧红冰凉的手。

时光逐渐清瘦了她们的容颜，走在俗世的沧海桑田，爱情或者生活，在不经意地起落，不知何时，能将往事遗落？

白朗懂得萧红，懂得她与萧军那段风雨同舟的前尘往事：萧红和萧军住在欧罗巴旅馆啃着干面包，却开心得像孩子似的，酷暑或寒冬，他们流着汗或是搓着冻僵的手一起找工作，一起谋生活，一起写作……

然而，这一切都成了过去。

"你是知道的，"萧红说，"我是爱萧军的，今天还爱，他是个优秀的小说家，是一同在患难中挣扎过来的同志，但是，做他的妻子却是件痛苦的事。"

这句话，她也说给别人听过。她与萧军的过往，并不都是甜蜜幸福的。

萧红将她与萧军婚姻六年中所受的屈辱，细细说给白朗听。

"女性的天空是低的，羽翼是稀薄的，而身边的累赘又是笨重的！而且多么讨厌呵，女性有着过多的自我牺牲精神。这不是勇敢，倒是怯懦，是在长期的无助的牺牲状态中养成的自甘牺牲的惰性。"

萧红说这些话的时候，理智而冷静，白朗明白，萧红对文学的热爱，对自己成为女子，怀着孕，不能自由做自己想做的事感到无奈。萧红心中的那些苦，她都懂。

萧红离预产期越来越近了，她在待产的日子里，依然专心写作。除了写作，她会在白朗的陪伴下，去街上走走，买点儿水果或日用品，呼吸一下重庆特有的清新空气，看着山城层次起伏的建筑，山中独具特色的巨大圆形黑石，高大挺拔的香樟树和松树，许多古木和苍松林立着，亭台楼阁红砖碧瓦点缀其中，走在这里，她的心很是宁静，有时在散步的时候，她还在思索着自己经历的那些事，将以怎样的方式写出来。

她脑海里会浮现出半年前在西北战地服务团时，一个小孩被人请上台作"即席讲演"的事情，当时小孩儿竟误把听众对他不成熟但爱国的话发出的欢呼当作嘲笑。

萧红对那一情景印象很深，她展开纸，任思绪放飞回当时的场景，笔走如飞，以自己独特的视角写起小说《孩子的讲演》。

萧红以主人公小王根独特的心理活动，展现当时慷慨的抗日斗志，别开生面，令人称奇！很快，4000余字的小说《孩子的讲演》完成了。

萧红的肚子越来越沉重，腿也肿得厉害，日光从窗户透进来，照见她那高耸的肚子，照在她那苍白的脸上，也照在她游走在纸上的笔尖……

当一篇文稿告一段落，萧红站起身子，手扶着腰，在屋子里踱着步子。

白朗走过来，搀着萧红，嘴里劝："瞧你，别这么拼命，都快生了，等生完孩子再写作，身子骨儿重要。"

她带着萧红不紧不慢地走在街上，这小镇上的人，耕读传家、诗书继世，近千年的文化传承让书卷气息浸润到这个地方的每一寸骨子里。米码头、盐码头、煤码头等沿春陵河一路排开。码头旁还树立着清朝时期的记事石碑，仿佛是一位学识渊博的老者，见证着这白沙镇的古老历史。

两人在老街走累了，停下来，找个地方安静地坐着休息，喝杯坝坝茶，听听老街上的人话话当地人的家常，感受白沙独特的人文气息。在夕阳的光影里，江津街上的人与景都似一幅幅画似的让人羡慕。

11月的一天，萧红正奋笔疾书，感到小腹疼痛，她捂着肚子，弯下腰来。

"是不是要生了？"白朗急忙扶住萧红，"不要担心，我送你去医院。"

黄泥咀32号，这个被称作三重堂的地方，大门口有着光滑的石条，墙角长着青苔，白色的墙皮有些泛黄的迹象，大门上挂着产科诊所的牌子。白朗将萧红送进黄泥咀街"助产士邓玲珍"开设的产科诊所。

萧红顺利分娩，是个男孩子。"看，这孩子圆圆的脸，和萧军一模一样。"白朗笑着告诉萧红。

萧红的脸上却没有什么喜悦的表情，她淡淡地转过头，闭上眼睛，像是一个长途跋涉的人，用完了精力，要好好休息一下。

"我回去给你煲汤去。"白朗替萧红掖好被角，又逗了一下孩子，便回去做饭了。

在医院的日子，白朗细心地照顾着萧红，每天到医院给萧红送汤、送饭，尽心尽力地照料着萧红母子。

产后的第四天，白朗再回医院时发现萧红身边的婴儿没有了。

"孩子呢？"白朗觉得奇怪。

萧红平静地说："昨晚突然抽风死了！"

白朗望着萧红，摇着她的手臂："孩子昨天还好好的，怎么说死就死了呢？我去找回来！"

"死就死了吧，省得拖累人！"萧红表情与语气都十分冷淡。

白朗的嘴唇哆嗦着，定定地望着萧红，她摇动萧红手臂的手慢慢地松开了。

萧红此时一定十分痛苦和矛盾，与萧军分手，与自己的丈夫端木蕻良居无定所，嗷嗷待哺的婴儿又怎么哺育？天下哪有不爱自己孩子的母亲！白朗是能够站在萧红的角度想她面临的处境的，是能够理解萧红的痛苦和她的做法的。

眼前的萧红越是平静，白朗就越是难过。

萧红急于出院，白朗的房东因迷信"未出满月的女人住在家里不吉利"，不让她住在家中，白朗只好买了船票，把萧红从医院送至前往重庆的船上。

江风萧瑟，白朗将自己喜爱的毛皮外套脱下，给产后不久的萧红轻轻披上。

船将要开了，萧红紧紧握住白朗的手，凄然地说："莉，我愿你永久幸福。"

白朗回握着萧红的手说："我也愿你永久幸福。"

"我吗？"萧红疑问着，接着是一声苦笑，"我会幸福吗？莉，未来的远景已经摆在我的面前了，我将孤寂忧悒以终此生！"

1939年的一天，白朗收到萧红的来信，彼时，萧红已经住在香港九龙，信中说：

  这里的一切是多么恬静和幽美，有田，有漫山遍野的鲜花和婉转的鸟语，更有澎湃泛白的海潮，面对着碧澄的海水，常会使人神醉的，这一切不都正是我以往所梦想的佳境吗？然而呵，如今我却只感到寂寞！

远离白朗的萧红，在香港过着安静的日子，却依然会想到白朗，会告诉白朗，自己在异乡的寂寞、苦闷、沉郁，她在心中常常想着白朗。

友谊在很多时候并不是要时时联系，而是放在心上。萧红本打算当年冬天回去看望白朗，可是，那年冬天，萧红的《呼兰河传》还在快马加鞭地创作中，她没能实现计划，白朗也因各种因由离开了重庆。

白朗和丈夫罗烽后来去了延安。两年后，萧红不幸病逝的消息传到白朗耳朵里，她悲痛万分。

当年那些相遇历历在目，白朗思潮翻滚，写了《遥祭——纪念挚友萧红》表达自己对挚友的思念之情以及失去友人的悲痛，此文刊发在《文艺月报》上。

当年她们四处流亡，多次相遇，促膝密语，萧红那些内心的忧郁，是逐渐深沉的。白朗内心有一种不祥的预感：好像有一个不幸的未来在那里等着萧红……没想到这一切竟然来得这样令人猝不及防。

佳人独立，向着友人曾经远离的方向驻足凝望，黯然伤魂。江津一别，竟成永别。黄金年华成追忆，只是当时却惘然。

第八章 倦鸟投林,只为一处安稳的栖息地

"休对故人思故国,且将新火试新茶。"苏轼的《望江南·超然台作》抒发着浓浓的思乡之情,他为摆脱思乡之苦,借煮茶来作为对故国思念之情的自我排遣。萧红在香港,何尝不思念故乡?过往的回忆从梦中涌来,那些记忆中的细节依然那么清晰,即使过去是在一块贫困凋敝、毫无诗意的僻壤,可是,远离家乡,再度回忆,依然充满温暖,饱含温情。

伤痕总在无止处

> 街上像来了狂风一样,尘土都被这惊慌的人群带着声响卷起来了,沿街响着关窗和锁门的声音,街上什么也看不到,只看到跑。
>
> ——《放火者》

重庆的米花街,听上去名字很美,其实这是一条穷街。街上住户很少,不过数十户人家,多以炒米花或做米花糕谋生。干这一行的收入很微薄,走街串巷,在这熙熙攘攘的街市,又有多少人还对米花感兴趣?

街上多是低矮的平房,街道路面是泥土,米花街有一口古井,名叫四眼井,米花街附近的人到这口井里打水,用这口井里的水做米花糕。

萧红自从在白朗那生完孩子,休养了一段时间,从江津回到重庆,端木蕻良已经找到了新的住处,他们搬到了位于歌乐山最高峰的一家乡村招待所,这里环境优美,住宅条件不错,附近有莲花池,远处蜿蜒的长江岸边就是沙坪坝。

萧红生活于此,安静,舒适。端木蕻良在重庆北碚复旦教书,工作和创作两不误,萧红也可安心写作。心无旁骛的工作和规律的生活让萧红渐渐走出丧子之痛。

写作累了,萧红会出去散步,这里的冬天,并非北方那般冰天雪地，满眼的苍绿让人忘记冬季的肃杀。斜风细雨中，远山的苍翠，渲染着诗意的浪漫，散落在时光深处。

萧红时常在这片风景中流连，规律而安静的生活，使得她的身体渐渐得到康复，身体好了，心情也跟着好了起来。

这天，街上的晨雾依然浓重，路边的街灯还没灭掉，绿川英子和怀着八九个月身孕的池田幸子到街上迎她，旧友相见，亲切万分。在朋友眼里，萧红眼神明亮，娴静安定，真是极好。能与旧友相聚，萧红的孤寂少了许多。

生活若是照此发展下去，现世安稳，有友相聚，有书可写，夫唱妇随，该多好呀。

五月初，街上热闹起来，萧红看到许多人在游行，这些队伍沉静地在街上排着队，举着旗子，喊着打倒日本帝国主义的口号，穿城而过。

她怎么也没有想到，日本飞机的轰炸，这么快就锁定了重庆这座山城。

人们还没回过神来，重庆上空，人口最稠密的街道上响起了轰然的巨响，炸弹从天上掉下来，房子在着火，树木在着火，那些来不及逃奔的人，在火海里挣扎哭叫，四处燃烧着硫黄气的火焰。

在武汉的时候，飞机轰炸让萧红极为恐惧，她本以为到了重庆就能躲开日军飞机的轰炸，没想到这里并不是净土，这座城市时常有日机轰炸，连地处城外的北碚也不能幸免。

萧红与当地逃难的人一样，不时逃避着这些轰炸。她走在街上，用手帕掩着鼻子，看着行人有的挂着口罩，有的也同她一样掩着鼻子奔走。而那些断墙之下，瓦砾堆中仍冒着烟，一种奇怪的气味满街散布着。

街上有兵士在收拾残局,清理城市里破损的建筑,掩埋在建筑下的尸体,抢救奄奄一息在轰炸中受伤的百姓。

萧红生活在惊恐和不安中,她再也无法安然入睡,随时可能拉响的警报,随时可能会掉在房子上的炸弹,让她在黑夜里睁着茫然而恐惧的双眼。

街道上几乎没有了行人,一切店铺关了门,曾经热闹的街市上,那些贴着各种招牌的门,被烟熏得发黑,在黑大的门扇上贴着白帖或红帖,被火烧去半截,或者被扯去一半,另一半却在风里"忽忽"地飘荡着。

遭受轰炸的城市,到处都是飞尘与烟土,奔走在这些飞尘与烟土中的人都是急匆匆的。笑声没有了,说话的声音也几乎听不见,人们苦着的脸,静默的神态,和这幽静的山城一样哑然着。

这里,再也不是萧红理想中的城市。

战火、轰炸,使萧红的精神受到了极大的刺激,她无法安静地写作,不能泰然地生活。

变故不停地发生,昨天还打着招呼的人,今天就再也不看不见了。萧红想:"无论你心胸怎样宽大,但你的心不能不跳,因为那摆在你面前的是荒凉的,是横遭不测的,千百个母亲和小孩子是吼叫着的,哭号着的,他们嫩弱的生命在火里边挣扎着,生命和火在斗争。但最后生命给谋杀了。"

战争如此令人憎恶,作为作家,控诉这场战争,最好的办法就是拿起手中的笔,将她所见所经历的如实写下来,让后来对此没有经历过的人,能够通过她的叙述,对这场战争有一个公正的认识。

战争,使那"曾经狂喊过的母亲的嘴,曾经乱舞过的父亲的胳膊，曾经发疯对着火的祖母的眼睛，曾经依然偎在妈妈怀里吃乳的婴儿，这些最后都被火给杀死了。"

孩子和母亲，祖父和孙儿，猫和狗，都同他们凉台上的花盆一道倒在火里了。这倒下来的全家，他们没有一个是战斗员。

百姓们遭遇着空前的不幸，城市将它饱受磨难的脸展示在萧红面前：

> 街上像来了狂风一样，尘土都被这惊慌的人群带着声响卷起来了，沿街响着关窗和锁门的声音，街上什么也看不到，只看到跑。

十几分钟之后，都安定下来了，该进防空洞的进去了，该躲在墙根下的躲稳了。第二次警报（紧急警报）发了。

先听得到一点儿声音，接着越听越大。当时，萧红就坐在公园石阶铁狮子附近，铁狮子旁边坐着好几个老头儿，萧红想，他们没有气力挤进防空洞去，而他们就算跑，也跑不远。

这时，飞机的响声大起来，似乎是朝着萧红这边飞过来了。

有一个老头儿招呼着萧红："这边……到铁狮子下边来……"

天上的声音太大，四周的警报声太响，萧红只看见对方嘴唇在动并向萧红招手。

萧红感到亲切，她低着身过去，蹲在老人旁边。他们躲在一起的时候，她看出老人很害怕，老人嘴里不停地说："我们坐在这儿的都是善人，看面色没有做过恶事，我们良心都是正的……死不了的。"

大家躲在公园里，脚也麻了，人也疲了，就这么躲着，等着天空安静下来。

这天公园并没有落弹，大家等了两个钟头之后，纷纷离开公园的铁狮子。

几天以后，萧红曾躲避轰炸的中央公园便被炸了。连那个水池子旁边的铁狮子都被炸碎了。在这样密集的轰炸中，人往哪里去躲？

这小小的公园，又死伤无数。

"我们再也不能在重庆居住了。"端木蕻良在屋子里转来转去。

"又能去哪呢？还有可以容身的地方吗？"萧红捏着额头，神经极为衰弱。

"我的作品《大江》正在香港的《星岛日报》副刊连载，《大公报》副刊邀我写《新都花絮》，复旦大学教务长孙寒冰也邀我为大学设在香港的'大时代书局'主编一套'大时代文艺丛书'，我们可以去香港。战争不会打到那里去的。……我们可以和香港那边联系，去香港发展。"端木蕻良斩钉截铁地说。

《星岛日报》当时正由诗人戴望舒主编，他也向萧红发出约稿函，萧红的作品《旷野的呼喊》《花狗》《茶食店》《记忆中的鲁迅先生》等也开始在《星岛日报》副刊发表，香港文化界对萧红的作品很是推崇。

"那就去香港，离开这里的战火，离开这火热的抗战前沿，我要将《呼兰河传》写完。"

想法是好的，但去香港不是说走就能走的。

到处都是往安全区逃离的人。一票难求，等着买一张票，也许要等一两个月甚至更长的时间才能买到。

渐入寒冬，腊月初六那天，萧红陪着端木蕻良到了重庆城里，托朋友购买去香港的机票，当晚他们住在城里，没有回北碚，夜里他们得到消息,很凑巧这两天正好有去香港的机票,明天有一张,后天有两张。

"那就订后天1月17日的吧,两个人一起走。"端木蕻良说。

"太匆忙了,我还没有回家收拾书稿,还有,总要与靳以、胡风等朋友打个招呼,就这么悄无声息地走了,大家会担心的。"

"没有时间了,从城里到北碚一天赶个来回,根本来不及,等到了香港,书稿托二哥的同学王开基夫妇帮着收拾,然后再寄给我们。"

农历的腊月初八,萧红与端木蕻良,没有带多少家当,简单收拾换身衣裳,坐上重庆飞往香港的班机,匆匆离开。

终于离开战火中的山城重庆,萧红的心并不感到欣慰,透过飞机舷窗看着越来越小的重庆,她心中的不舍、惆怅悄然升起。

离东北的家乡越来越远,自己像一只飘荡在空中的风筝,没有根似的。她并不知道,自己这一去,再也回不去故乡了。

众生遭受涂炭,萧红在时代浪潮中做出自己的选择,她依然坚持以笔发声,守护着时代尊严和个人的信仰。

回首故园春

> 春来了,人人像久久等待着一个大暴动,今天夜里就要举行,人人带着犯罪的心情,想参加到解放的尝试……春吹到每个人的心坎,带着呼唤,带着蛊惑……
>
> ——《小城三月》

萧红抵达香港,香港文化界热情欢迎他们。叶灵凤主持的《立报》副刊《言林》发布端木蕻良、萧红由内地抵港的消息。中华全国文艺界抗敌协会香港分会在大东酒家举行聚餐会欢迎他们的到来,萧红在席间报告了重庆文化食粮恐慌的情形,希望留港的文化人能加紧供应工作。香港的几个女校联合成立的劳军游艺会的筹备委员会在坚道养中女子中学举行了座谈会,邀请廖梦醒和萧红参加。4月他们加入香港文协并出席换届大会,萧红还到香港文协举办的文艺讲习会,为文学青年讲演。

萧红依然勤奋写作,4月10日,她发表了短篇《后花园》,这是她初到香港在安置家庭和各种社会活动的间隙,仅用两个多月时间便完成的,她一如既往以细腻的笔触,写出了乡土人生的悲凉,在俗常的生活悲剧中追寻生命的意义。小说发表在1940年4月10日至25日香港《大公报》副刊《文艺》与《学生界》上。

这一年,萧红出版了三本书。短篇小说集《旷野的呼喊》,由郑伯奇主编的《每月文库》出版。《萧红散文》作为端木蕻良"大时代文艺丛书"的一种,由香港大时代书局出版。《回忆鲁迅先生》由重庆妇女生活社发行。她继续书写当初在重庆未完成的作品《马伯乐》,第一部写完之后,由重庆大时代书局出版。

萧红因写作和参加各种社会活动,过度劳累,在异乡,她的忧郁也如影随形。

"休对故人思故国,且将新火试新茶",苏轼的《望江南·超然台作》抒发着浓浓的思乡之情,他为摆脱思乡之苦,借煮茶来作为对故国思念之情的自我排遣。萧红在香港,对故乡的思念从未停止。回忆常常从梦中涌来,细节依然那么清晰,即使过去的生活,是在一块贫困凋敝、毫无诗意的僻壤,可是,远离家乡，再度回忆，依然充满温暖，饱含温情。

身处香港九龙尖沙咀的萧红，感觉自己像是被迫降临在了一座孤岛。在故乡，萧红经常可以看到高鼻子深眼睛的俄国人，却不觉得有什么奇怪，如今走进香港，街头时常遇见蓝眼睛高鼻子的洋人，说着她听不懂的英语，她有点手足无措。当地的南粤话她也听不懂，在这里生活，她与别人无法交流，缺少沟通，这使萧红备感不适。

"乡愁"浓郁，使她的灵感得以激发。她想故乡的三月，那碧绿的田野，那茂盛的草，那放牛的孩子，那故乡的春天……

她仿佛看见了那抢根菜的白色的圆石似的籽儿在地上滚着，野孩子们都弯下腰忙着捡拾。田野里，蒲公英发芽了，羊咩咩地叫，乌鸦绕着杨树林子飞……家乡的春天，天气一天暖似一天，日子一寸一寸地都有意思。

那时的她在做什么呢？

她在抬头仰望天空，看杨花满天照地地飞，看人们出门忙着用手捉着，因为那些杨花都沾到身上了。

她仿佛嗅到那些长在道路边上的草和道路中间牛粪散发的强烈的气味，她仿佛听到远处有用石子打船的声音……

天气温热的香港，一切都与家乡不同。小时候常去的呼兰河，一到春天，河上的冰化了，冰块顶着冰块，苦闷又奔放地向下游流动。

香港的天气不会像家乡那里的天气，开春时的气候像孩子的脸，时常变化，突然地热起来，说是"二八月，小阳春"，没几天冷空气又来了，春天不管天冷天热，带着强烈的呼唤从这头走到那头……

家乡整个小城都飘着杨花，像下雪似的，像是在对小城里

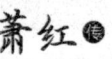

的人宣告着：春来了！是的：

> 春来了，人人像久久等待着一个大暴动，今天夜里就要举行，人人带着犯罪的心情，想参加到解放的尝试……春吹到每个人的心坎，带着呼唤，带着蛊惑……

故园的春色奔放、热烈，萧红在寂寞的日子里，常常会出神一会儿，神思回荡着，回荡在童年时光的春天里。

曾经那个热闹的大家庭，有会弹琴的大伯父，有英俊的表哥。三月的小城装满了生机勃勃的绿色，还有聪慧的翠姨，那个与她一点血缘关系也没有的翠姨。

"姨母本来是很近的亲属，就是母亲的姊妹。但是我这个姨，她不是我的亲姨，她是我的继母的继母的女儿。那么她可算与我的继母有点血缘关系了，其实也是没有的。"

萧红将生活中的人物带入她的作品中，笔下的女主人公翠姨是一位贤淑的女子，不愿接受长辈给她安排的伴侣，对"我"的堂哥哥心生爱意，这桩朦朦胧胧的恋爱却并未挑明，翠姨最终痛苦地离开了这个世界。那个堂哥后来提起翠姨，常常落泪，他不知翠姨为什么死。

萧红在香港，想着家乡，想着家中快乐的事情，想着叫翠姨的女子。

如今又是春天，翠姨坟头的草籽已经发芽了，一切都同曾经似乎一样，温暖的太阳又出来了，蒲公英又发芽了，野孩子们可以去折柳条，拧成哨子吹。"杨花榆荚无才思，唯解漫天作雪飞。"翠姨的春天没有了，但依然有年轻的姑娘们三五成群，坐着马车，去选择衣料去了，再也没有了翠姨的马车来……

十九岁的美丽的翠姨默默地爱着大哥，却不敢勇敢去争取属于自己的春天，萧红记得，母亲曾说："要是翠姨一定不愿意出嫁，那也是可以的，假如他们对我说。"

《小城三月》是萧红的最后一部面世之作。1941年，她深陷痛苦，丈夫忙碌，朋友无多，寂寞深深，她的心灵逃避到那个安全温暖的精神栖居地之中——那曾承载着萧红欢乐回忆，也勾连着萧红痛苦来源的"家"。

萧红离家数年，深陷各种磨难后，家这个词，渐渐褪去了冰冷的色彩。

萧红写小城春天的生机勃勃，春天里翠姨的美丽贤淑，直至翠姨之死的经过，透露着萧红的内心导向。她在寻找时代症结，用她手中的笔一点一点挑破旧中国存在的隐疾，那是包着痂的疮口。

她此时身居香港，亲人不在身边，但装在心里。萧红笔下的父亲不再是冷酷的封建家长，他其实也是一位开明绅士，带着孩子们唱歌，带着孩子们逛热闹的街市。继母也有宽厚仁慈的一面，并非当年自己心中的继母那么毫无人情味可言。

离家越远、越久，她越怀念那个远在北方的家，以及家里那些与自己血浓于水的亲人。

萧红去世许多年后，他的父亲回想当年自己对女儿不够关心，态度冷漠，没有尊重孩子的意愿，桩桩件件，使他常心生悔恨。

女儿已逝去，她的作品摆在他伸手就可以拿到的案头。捧起女儿写的书，看着孩子对故乡的描述，对家的思恋，他老泪纵横。可惜，父亲对她的理解和谅解，她没来得及看到。

萧红执笔写下《小城三月》，也是她与家乡的彻底和解，

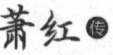

> 她将自己生活过的北方的故乡，这块一直给予她的精神乐土，做着最后一次回望。

故园今朝思千里

> 从前那后花园的主人，而今不见了。老主人死了，小主人逃荒去了。
>
> 那园里的蝴蝶、蚂蚱、蜻蜓，也许还是年年仍旧，也许现在完全荒凉了。
>
> ——《呼兰河传》

"人言落日是天涯，望极天涯不见家。"李觏的《乡思》透着浓浓的思乡情，萧红心里以为，天涯太远，故乡虽非远在天涯外，但那魂牵梦萦的故乡却也遥不可及。

乡音也听不到了，黑山白水的呼兰河也只能在梦中与之相见，虽然说心安之处即吾家，可是，落叶归根依旧是无数游子的心愿。

呼兰小城里曾经让萧红感觉压抑和不快乐的日子，在她历经漂泊之后，却成了永远的歌谣。

远方有多远？脚步能够抵达的地方。祖父的后花园那片自由的土地仍是她最向往的地方，家园却成了现在的远方。

她在《呼兰河传》结尾写道：

"呼兰河这小城里边，以前住着我的祖父，现在埋着我的祖父。

"我生的时候,祖父已经六十多岁了,我长到四五岁,祖父就快七十了。

"我还没有长到二十岁,祖父就七八十岁了。祖父一过了八十,就死了。"

童年那些自由、快乐的日子,回想起来也不过是昨天才发生似的。

祖父教她学诗,那些诗,都刻在她的脑子里,忘也忘不掉。连同那些夜晚,萧红对着长空大喊的样子,连同祖父溺爱的话语"房盖被你抬走了"犹在耳边。

祖父走了,萧红从头哭到尾。她用祖父的酒杯饮酒,跑到后园的玫瑰树下卧倒,看着蜂子和蝴蝶飞来飞去,绿草的清凉气味也和从前一样,可是,物是人非,最爱的人离开了。

从前那后花园的主人,而今不见了。老主人死了,小主人逃荒去了。

那园里的蝴蝶、蚂蚱、蜻蜓,也许还是年年仍旧,也许现在完全荒凉了。

祖父走了,萧红对这个家便不再留恋,她想"我必须不要家,到广大的人群中去,但我在玫瑰树下颤怵了,人群中没有我的祖父"。

此时的香港生活平静,战争还没有打到这里来。在静静的午后,萧红摊开稿纸继续写她一直在酝酿的长篇小说《呼兰河传》。

从计划写这本书,到着手系统写起来,这长长的两年时光里,无论她在哪个城市奔波,写这部书的念头都没有停止。

写写停停,无数次中断,香港的安静给她提供了极好的条件。在这暂时的和平时光里,童年的故乡又一次在萧红的心头如默片般投射到脑海,遥远的呼兰小城里那些风土人情,都在心底里活了起来。

家乡的人,家乡的事,家乡的风土人情,甚至祖父园子里的小黄瓜、大倭瓜都在笔下,也都在心上。

茅盾曾这样评价《呼兰河传》:"它是一篇叙事诗,一幅多彩的风土画,一串凄婉的歌谣。"

《星岛日报》的主编戴望舒对这部小说非常欣赏,尚未定稿,便开始在《星岛日报》上进行连载。边连载边完善,1940年年底,这部小说算是正式定稿了,1941年由桂林河山出版社出版。

萧红说:"现在或是过去,作家们写作的出发点是对着人类的愚昧!"

她正是本着初心,以回忆故乡的形式,既写故乡的温暖,也揭示旧中国的落后、旧时代的弊端和旧时代的民族愚昧。

呼兰河的水依旧无声地流淌,河上的船只依旧东来西往,火烧云也依旧照样在天空出现,将一切镀成金色。

被逐出家的有二伯到底怎样了?

老厨子就是活着年纪也不小了。

……

红尘滚滚,时光流转。记忆深处,祖父的疼爱不会消逝。

萧红言为心声,笔为心书。她的心中,唯有写作。她拟定了许多写作计划,并为之夜以继日地努力书写着。

1941年7月间,萧红经常失眠、咳嗽、发烧、头疼,他们决定到玛丽医院去看病,发现患有肺结核,治疗期间,萧红因身体虚弱，病情突然加重，卧床不起。

11月底，萧红因受到医院的冷遇，返回九龙家中养病。12月8日，太平洋战争爆发，九龙陷于日军的炮火。次日，端木蕻良和青年作家骆宾基护送萧红从九龙转移到香港岛看病。

1942年1月12日，骆宾基将萧红送入跑马地养和医院。1月13日，医生误诊为喉瘤，为她动手术，却未发现肿瘤，因错动手术，萧红病情恶化。

1月18日，骆宾基和端木蕻良将萧红转送玛丽医院，确诊为恶性气管扩张，第二次手术换喉头呼吸管，萧红已不能发出声音。

1942年1月19日深夜，萧红自感时日不多，她在一张纸片上写下："我将与蓝天碧水永处，留下那半部《红楼》给别人写了！半生尽遭白眼冷遇……身先死，不甘，不甘！"

1月22日，萧红带着无尽的怅恨离开人世，年仅31岁。

如果说，人生是一场场告别，那么，生命在不断告别中，让我们看清生活的本质，依然热爱生活。

萧红一生历经坎坷，她走过的路，吃过的苦，爱过的人……都是她人生中珍贵的财富，也终究化为一篇篇流芳百世的佳作，在岁月的长河中成为永恒经典，成就了她那闪闪发光的一生。